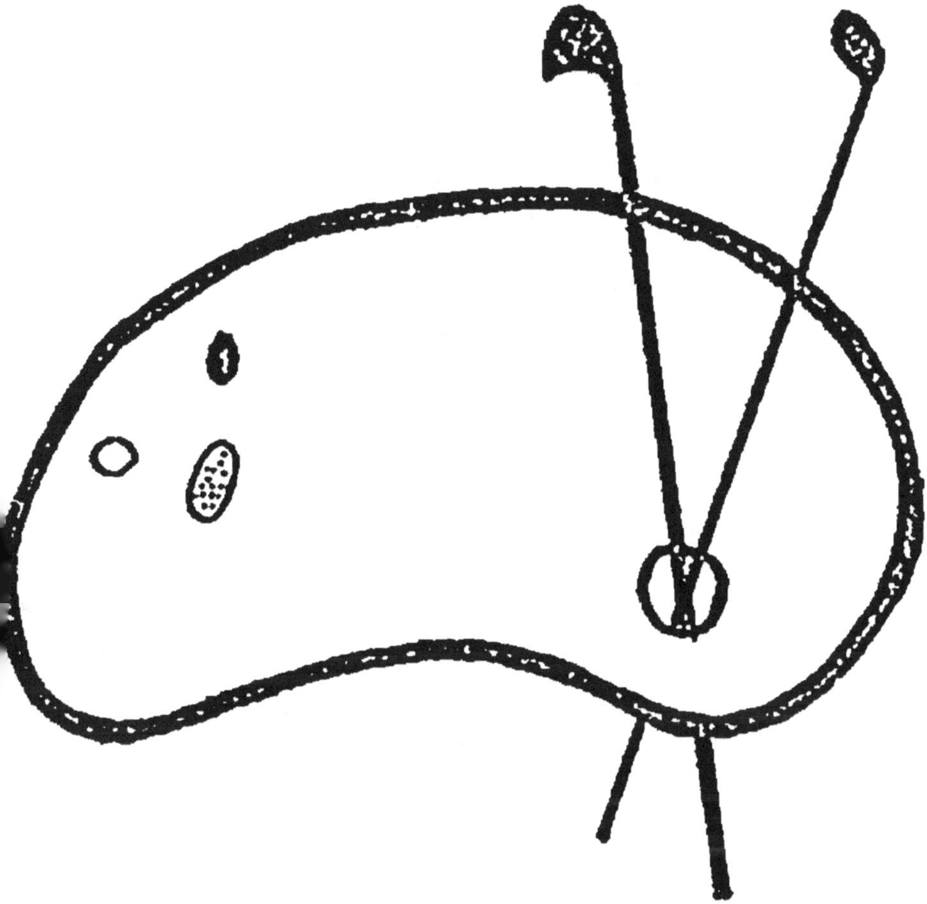

COUVERTURE SUPERIEURE ET INFERIEURE
EN COULEUR

DISSERTATION
PHILOSOPHIQUE ET RELIGIEUSE
SUR
LA GUERRE ET LA PAIX

RÉPONSE A M. L'ABBÉ ARTIGE

SUR LA QUESTION

PAR

l'Abbé François GARAUDE

CHANOINE HONORAIRE DE TULLE, CURÉ DE ROCHE-PEYROUX (CORRÈZE)

> Le sage renonce à la guerre, malgré les graves motifs qui en justifieraient l'entreprise.
> (*De la guerre grecque*, l. 6e. XÉNOPHON)

> *Hoc est præceptum meum ut diligatis invicem.*
> Le précepte que je vous impose, c'est de vous aimer les uns les autres.
> (S. J., xv, Ỷ. 12.)

Prix : 1 fr. 25 ; *franco* 1 fr. 50.

TULLE
IMPRIMERIE DE J. MAZEYRIE

1885

DISSERTATION PHILOSOPHIQUE
ET RELIGIEUSE
SUR
LA GUERRE ET LA PAIX

RÉPONSE A M. L'ABBÉ ARTIGE SUR LA QUESTION

DISSERTATION
PHILOSOPHIQUE ET RELIGIEUSE
SUR
LA GUERRE ET LA PAIX
RÉPONSE A M. L'ABBÉ ARTIGE
SUR LA QUESTION

PAR

l'Abbé François GARAUDE
CHANOINE HONORAIRE DE TULLE, CURÉ DE ROCHE-PEYROUX (CORRÈZE)

> Le sage renonce à la guerre, malgré les graves motifs qui en justifieraient l'entreprise.
> *(De la guerre grecque, l. 6e. XÉNOPHON)*

> *Hoc est preceptum meum ut diligatis invicem.*
> Le précepte que je vous impose, c'est de vous aimer les uns les autres.
> (S. J., xv, ỹ. 12.)

TULLE

IMPRIMERIE DE J. MAZEYRIE

1885

A. M. D. G

———

A MONSEIGNEUR

H.-C.-D. DENÉCHAU

L'ILLUSTRE ET INFATIGABLE

ÉVÊQUE DE TULLE

———

AUX PÈRES DE FAMILLE

ET AUX JEUNES GENS DE VINGT ANS

MOTIFS DE CETTE BROCHURE

Il vient de paraître à Tulle, chez M. Mazeyrie, imprimeur, un ouvrage qui a pour titre : *Portraits Limousins*. Ce livre, qui n'est pas sans mérite, sous beaucoup de rapports, est dû à la plume élégante et facile de M. l'abbé Camille Artige, prêtre du diocèse de Tulle, demeurant à Tardets (Basses-Pyrénées). Ce jeune écrivain qui révèle, à son début, une érudition peu commune, parle, en passant, dans son second *Portrait*, d'un livre que je publiai il y a quelque vingt ans, sur la guerre et contre la guerre. — Sa demi-page, qu'il consacre au souvenir de mon humble travail, l'apprécie avec trop d'obligeance pour que je ne m'empresse pas de le remercier ; mais après, il affirme qu'il n'a pas été lu autant qu'il le méritait, au moins dans le milieu où il s'est trouvé ; puis, ce qui est plus sérieux, il traite de rêveurs et de dupes tous les publicistes et les savants qui ne partagent pas la théorie du comte de Maistre sur la guerre.

Quant à la première assertion, à savoir que mon livre a été peu répandu, elle n'est pas tout à fait exacte. Ce livre, sans les ailes du génie, eut, à son apparition, un certain retentissement, grâce à l'idéal humanitaire qui en était le sujet, à l'intérêt qu'il inspira aux penseurs érudits et généreux qui plaidaient en faveur de la cause de la paix contre l'écrasante et sauvage tyrannie de la guerre. — Cet ouvrage, imprudemment tiré à six cents exemplaires in-18, de près de 350 pages, s'écoula néanmoins assez rapidement et fut couronné à Paris le 21 juin 1866, à l'Hôtel-de-Ville, salle Saint-Jean, par la Société d'encouragement au bien ; sa diffusion dépassa même les frontières, et les amis de la paix le firent circuler en Belgique et en Suisse. Bref, de cette édition si nombreuse, il en est peu resté pour les épiciers.

Si je n'ai pas fait paraître une deuxième édition, c'est que, à cette époque, plusieurs ouvrages écrits avec plus de prestige et dans le même sens que le mien rayonnèrent des rangs des amis de la paix et furent plus dignes de la grande et noble cause qui était et qui est encore en jeu. Il ne s'agit pas ici de tournois littéraires ni d'amour-propre ; mais bien de la délivrance d'un monstre horrible, *monstrum... horrendum ingens*, qui tourmente et étreint l'humanité. Que le bien se fasse ici ou là, par un tel ou par un autre, peu importe. — Voilà la réponse à la première assertion de M. Artiges. Certainement je n'eusse pas pris la plume de ma main nonagénaire et tremblante pour répondre sur ce point de minime intérêt, à M. l'abbé : en aurait-il valu la peine? Non. Mais ce brave écrivain, au cœur inflammable pour les grandes idées, s'est laissé fasciner par les exclamations enthousiastes de M. de Maistre sur la guerre ; s'est constitué son servile admirateur et a condamné *in globo* et en masse tous les savants qui militent en faveur de la paix et battent en brèche sur la question les élucubrations nuageuses du grand philosophe de Chambéry.

D'après lui, nous sommes de braves gens, mais dupes de notre bon cœur; nous aspirons à un idéal chimérique : voilà le gant jeté, nous essaierons de le relever, non pour le compte de ces nombreuses phalanges de penseurs qui ne sont de l'avis ni de M. l'abbé, ni de M. de Maistre ; les chênes robustes et géants se passent très-bien de l'appui du roseau ; mais dans l'intérêt de la justice, un milligramme peut faire pencher la balance... Ni M. de Maistre ni ses adhérents n'ont ébranlé mon opinion, fruit de longues méditations sur les tueries humaines. — L'on soutient qu'elles sont divines, et moi, je les crois infernales.

C'est pour cela que je fais paraître cette brochure, faisant suite à mon livre publié en 1864.

Dans la première partie, réfutation des idées métaphysiques qui divinisent la guerre.

Dans la deuxième, possibilité de substituer l'arbitrage à la guerre pour donner aux conflits internationaux des solutions pacifiques.

PREMIÈRE PARTIE

I

Deux opinions sont en face touchant la guerre : celle des pacifiques qui soutiennent que ce tourment de l'humanité est le fait libre de l'homme, non imputable à la divinité et dont l'homme lui-même pourrait et devrait s'abstenir.

Celle des penseurs guerriers qui jugent que la guerre est un attribut essentiel des sociétés humaines ; que c'est une loi du monde, et par conséquent une loi divine.

Il y a les guerres offensives et les guerres défensives. Ces dernières sont admises, sans conteste, des deux partis.

Les pacifiques croyants approuvent aussi les guerres offensives quand Dieu s'en sert comme châtiment pour frapper les nations coupables et profondément dégénérées. Telle fut la guerre des

Hébreux contre les habitants de la terre de Chanaan, et celle des Romains contre les Juifs dans le sac de Jérusalem par Titus.

Ces derniers cas sont rares et ne doivent être admis comme tels, c'est-à-dire comme divins et légitimes, qu'à la faveur de la plus grande évidence.

II

Les pacifiques ont pour devise : *Le droit prime la force.*

Ils travaillent à éclairer et à modifier l'opinion publique, concernant le problème de la guerre dans les Etats civilisés, et poursuivent l'organisation d'un haut tribunal d'arbitrage, auquel les Etats, dans leurs conflits, demanderaient une solution pacifique au lieu de la chercher dans la guerre et dans le sang.

Les guerriers convaincus de l'incorrigibilité des peuples et persuadés que les guerres, quoique fruit amer des passions, sont inhérentes à l'humanité, traitent de chimère le sublime idéal des pacifiques. — En général, ils ont pour devise : *La force prime le droit.*

Voyons la valeur comparée de ces deux maximes.

Qu'est-ce que le droit ?

Un grand évêque, l'une des gloires de l'Eglise et de la patrie, va nous répondre :

« Il n'y a, dit-il, rien de plus élevé dans l'ordre
« des sciences humaines, que l'enseignement du
« droit : c'est la personne humaine protégée dans
« ses intérêts, dans sa dignité morale, dans les
« moyens qui lui sont nécessaires pour atteindre
« ses fins. Le droit, c'est la famille affermie sur
« ses bases par les garanties qui assurent à
« chacun de ses membres, le rang et la position
« qui leur sont propres. Le droit, c'est la société
« civile, réglant sa constitution, ses pouvoirs, son
« activité, sa vie. Le droit, c'est la grande famille
« des nations, observant, dans leurs rapports, les
« lois de la justice et de l'égalité... Le droit,
« c'est la sécurité pour les biens et pour les per-
« sonnes, pour l'individu et pour la société ; c'est
« la sauvegarde et le maintien de l'ordre uni-
« versel...

« Le droit n'a sa source première ni dans la
« force ni dans les conventions humaines ; mais il
« a son fondement dans la loi éternelle et abso-
« lue, telle qu'elle est réalisée dans l'intelligence
« et dans la volonté divine, manifestée et appliquée
« aux créatures raisonnables qu'elle doit diriger.

« Le droit, c'est la loi essentielle et primordiale,
« résultant de la nature même des choses, domi-

« nant et gouvernant toute législation positive...
« Il n'y a pas de droit contre le droit ; il existe
« un droit divin émanant de Dieu législateur et
« révélateur, contre lequel aucune volonté humaine
« ne saurait prévaloir. »

Qu'est-ce que la force qui prime le droit ? C'est la violence, pénétrant dans la famille, asile de paix et de bonheur, pour lui arracher ses fils chéris, fruit de vingt ans de tendresse et de pénibles labeurs, pour les livrer aux fureurs brutales et aveugles de la guerre ; c'est la violation du domicile par la soldatesque stupide et irritée, s'exerçant par le pillage, le viol et la fureur ; c'est la négation de la sécurité pour les biens et pour les personnes, pour l'individu et pour la société ; c'est le désordre échevelé, hideux, jetant la terreur et l'effroi là où régnaient la justice et la paix ; c'est la négation du triple dogme évangélique, dogme brutalement profané : liberté, égalité, fraternité ! En effet, est-on libre sous l'empire de la loi du recrutement quand on vous arrache au foyer natal, auquel vous devez votre existence de vingt ans, aux tendres embrassements d'un père et d'une mère justement alarmés et attendris ? Y a-t-il égalité, quand c'est le sort aveugle qui choisit les victimes dans les rangs fleuris de la jeunesse, au hasard, l'un est pris, l'autre laissé, *Unus assumetur, alter relinquetur.* Y a-t-il égalité quand la moitié de la race humaine, le sexe, est affranchi du tribut du sang?

Y a-t-il fraternité, quand on s'entr'égorge en tigres sur un champ de bataille et que le plus fort accumule les ruines chez le plus faible, par le fer et par le feu? Malheur aux vaincus disaient les Romains : *Væ victis!* Quelle fraternité ! C'est celle de Caïn...

Qu'est-ce encore que la force brutale primant le droit ? C'est Alexandre, enivré d'orgueil et d'ambition, portant autour de lui, chez des nations inoffensives, les ravages et la mort, immolant tout à sa fureur martiale. C'est l'intrépide et immortel César, asservissant les Gaulois, nos ancêtres, avec le sang et le fer des Romains, pour asservir, plus tard, les Romains avec l'or des Gaulois vaincus. C'est Napoléon Ier, sacrifiant à une dévorante ambition, à la fureur des batailles ; le repos de la France, le sang de la jeunesse, pour asservir les nations de l'Europe, leur imposer les lois tyranniques du vainqueur et distribuer ensuite des empires à ses frères, les prenant dans la poussière pour les élever au rang des rois ! Quelle transformation ! Mais fallait-il que la France en payât les frais de son or et de son sang ?... Pour faire rayonner des couronnes d'or sur le front de trois ou quatre membres d'une seule famille, fallait-il étendre les voiles funèbres sur dix millions de familles !!! Je ne parle que de la France...

O peuple stupide et servile, que fais-tu de ta dignité quand tu te prêtes lâchement au service de la tyrannie, mère de toutes les iniquités et de toutes les bassesses!

Enfin, la force brutale se personnifie dans tous les ravageurs ambitieux, traînant les peuples vaincus à leur remorque, les spoliant de tout sans merci, et régnant d'une manière impie sur les corps et sur les biens.

C'est assez, chers lecteurs, pour vous édifier sur la moralité des deux devises ci-dessus : à vous de choisir celle des deux qui sourit le plus à votre intelligence et à votre cœur. Vous ne pouvez applaudir l'une et l'autre.

III

Pour l'intelligence de cette brochure, il est à propos de citer ici tout entier, le passage où M. l'abbé Artige, dans ses *Portraits Limousins*, veut bien rappeler à ses lecteurs, un livre dont je viens de parler et que je publiai, il y a vingt ans, sur la guerre : c'est à la page 83 qu'il le juge à son point de vue. Dans cette partie de son ouvrage, il analyse un livre estimé de M. le vicomte Philibert d'Ussel. Ce penseur érudit y traite divers sujets, entre autres celui de la paix et de la guerre et se prononce énergiquement contre l'opinion des pacifiques qui veulent substituer un tribunal d'arbitrage à la guerre pour vider, pacifiquement, les conflits internationaux.

Voici la teneur de ce passage :

« Voulez-vous connaître la vigueur de cet esprit,
« l'ouverture de compas de cette intelligence, de
« cet ingénieur, dans les aperçus métaphysiques ?
« (M. le vicomte est ingénieur). Ouvrez son livre :
« *Essai sur l'esprit public dans l'histoire*, à la page
« où il traite quelqu'une de ces questions qui se
« dressent, sphinx effrayants, sur les avenues de
« l'histoire, à la question de la guerre par exem-
« ple. — La guerre, voilà l'énigme éternelle,
« toujours proposée et qui attend toujours son
« Œdipe. On fait des théories sans nombre, des
« ligues de paix, des utopies magnifiques sur du
« papier ; mais de Maistre jette dans la discussion
« un mot formidable : La guerre est divine en
« elle-même, dit-il, puisque c'est une loi du
« monde. »

« Ne touchons pas à ce sujet, sans saluer au
« moins M. l'abbé Garaude, cet homme excellent,
« dont le nom devait d'abord orner ces pages.
« M. l'abbé Garaude a écrit un livre peu lu,
« parmi nous, mais qui méritait de l'être, un
« livre plein de sens et d'illusions, hélas ! sur

« cette grave question. Nous l'avons entendu,
« grand et beau vieillard plus qu'octogénaire, plein
« de flamme encore, éclairé d'intelligence, nous
« exposer les horreurs du champ de bataille, les
« incalculables ressources en armes et argent, con-
« sacrées à la destruction, ces choses que tout le
« monde sait, mais que nul ne dit comme lui. Que
« de bons esprits se laissent prendre ainsi à ce
« leurre de paix universelle !

« Quant à M. d'Ussel, il porte sur la question
« un regard autrement ferme et élevé. »

Il y avait un an au mois d'août dernier 1884, je reçus de Biarritz, sans signature, une demi-page d'épreuve d'imprimé, renfermant tout juste l'extrait ci-dessus.

Ces lignes furent pour moi très énigmatiques et je ne pus en deviner l'auteur, je n'avais de rapport avec personne dans le département des Basses-Pyrénées. — Au bout d'un an, c'est-à-dire vers le 15 août 1884, sortant de l'église, je trouvai sur ma table un prospectus. (Il en arrive de ces feuilles, chaque jour, des avalanches, je les lis rarement, sachant qu'elles ne poursuivent qu'un but, celui de battre monnaie aux dépens des naïfs et des niais). Par hasard, heureusement, je lus celui-ci ; il annonçait un ouvrage sérieux, dont M. l'abbé C. Artiges, résidant à Tardets, Basses-Pyrénées, est l'auteur, ne citant que la table.

En parcourant cette table, je vis que le passage, cité plus haut, me concernant dans l'épreuve d'imprimerie, venait de M. Artiges. En parcourant son livre : *Portraits Limousins*, je l'y retrouvai fidèlement reproduit. L'auteur, dans ce travail, fait l'analyse critique et raisonnée de plusieurs ouvrages élaborés par des écrivains limousins. L'*Essai sur l'esprit public dans l'histoire* de M. Philibert d'Ussel, publié en 1877, fait l'un des principaux ornements de son livre. Ce dernier auteur, dont la plume est puissamment trempée, fait, sur la guerre, les mêmes aperçus que le comte Joseph de Maistre, leur donnant pour passe-port le prestige entraînant du style. M. l'Abbé, paraît-il, s'est ému à la lecture de ces brillantes pages et, de partisan de la paix qu'il était, il s'est transformé en intrépide admirateur de la guerre. Il ne pense et ne parle sur la question que par de Maistre et l'auteur érudit de l'*Essai*.

A coup sûr, on ne saurait être en meilleure compagnie ; mais le talent, même le plus rare, n'est pas toujours le corrélatif de la vérité, et, dans ses élans enthousiastes, il peut avoir ses aberrations. Donc, il est permis quelquefois, en matière libre et douteuse, de n'être pas de l'avis de certains auteurs, eussent-ils la célébrité du comte de Maistre.

Il est de vaillantes phalanges, et j'ai osé me

glisser dans leurs rangs, qui battent en brèche la théorie belliqueuse du grand philosophe de Chambéry, et tentent, avec un certain héroïsme, de délivrer le monde du monstre inassouvi de la guerre ; je crois qu'ils ont raison, et je veux essayer de le prouver.

Mais avant d'entrer en matière, il me tient à cœur de remercier l'auteur aimable des *Portraits Limousins*.

Il avait eu la patience de lire mon livre sur la guerre, c'est pour cela qu'il glisse dans le sien la trop gracieuse salutation lue plus haut ; il est vrai qu'il met au bas de cette politesse, un correctif qui semble presque accuser un repentir ; mais cela ne m'empêche pas d'en être profondément touché. J'aime cette boutade furtive du cœur, et suis même presque tenté d'en être fier. Je l'en remercie donc sincèrement.

IV

L'auteur des *Portraits Limousins* applaudit sans réserve aux élucubrations rêveuses sur la guerre, du comte de Maistre. Celui-ci veut absolument que la guerre soit divine et M. Artige répète avec emphase son exclamation, prise mot à mot dans le septième entretien des Soirées de Saint-Pétersbourg : « La guerre est une loi du monde, donc elle est divine. » C'est le cri formidable, dit-il, jeté dans la discussion, qui fait pencher la balance du côté du sabre et qui donne la solution de l'énigme.

Cette affirmation solennelle et emphatique ne prouve rien ; elle est le fruit de rêves métaphysiques beaucoup plus douteux que certains. Le célèbre comte de Maistre, philosophe profond et surtout doué d'une intuition, sur le cours mystérieux des choses humaines, voisine de la prophétie, est néanmoins quelquefois téméraire. C'est ainsi que voulant prouver la divinité de la guerre, il n'hésite pas à affirmer que ce caractère lui est attribué dans les pages sacrées de l'Ancien et du Nouveau Testament et que partout il est désigné sous le titre imposant du *Dieu des armées,* du *Dieu des batailles.* Or ces expressions énergiques, respirant à la fois la puissance et la terreur, au lieu de se trouver partout dans l'Ecriture, laissent les espaces les plus larges sans y figurer. C'est ainsi qu'on peut en constater l'absence dans le Pentateuque, renfermant cependant cinq livres : la Genèse, l'Exode, le Lévitique, les Nombres, et le Deutéronome. Il en est de même du livre important de Josué, ce héros intrépide qui, par l'ordre de Dieu, subjugue les cinq peuples habitant la terre de Chanaan, les déshérite et les remplace par les douze tribus d'Israël, auxquelles il distribue les riches provinces du pays, pas un mot sur le *Dieu des armées*. Josué ne chante que le *Dieu d'Israël*. Il en est presque ainsi du livre des Juges ; je crois cependant que le *Dieu des armées* y figure une fois.

Et maintenant, si nous allons à l'Evangile, dans cette atmosphère si élevée, si radieuse et si pure, où on ne respire que le plus suave parfum de la douceur, de la paix et de la charité, rien de martial. Ce sont les prophètes qui se sont servis quelquefois de ces termes dans le sens de M. de Maistre, mais pour exprimer aux yeux des hommes, au plus haut degré possible, le degré de la haute puissance du Créateur (1).

L'on voit qu'il faut se tenir en garde contre les assertions trop générales et trop absolues, même quand elles émanent des plus grands génies ; souvent, elles tombent à côté de la vérité et amoindrissent le droit d'être cru de leurs auteurs. (2).

V

M. l'abbé Artiges, après s'être écrié : « Que de bons esprits se laissent prendre à ce leurre de paix universelle ! » ajoute : « Quant à M. d'Us-

(1) Ces mêmes expressions ne figurent pas non plus dans les Epîtres des Apôtres.
(2) Voir à cet égard une note essentielle page 107.

sel, il porte, sur la question, un regard autrement ferme et élevé. « Je puis répondre, tout en admirant le rare génie de M. de Maistre et de M. le vicomte d'Ussel, qu'il y a eu et qu'il y a, plus que jamais, dans les rangs des prétendus rêveurs de la paix universelle, des savants en tous genres et de toutes les nations civilisées, dont la rare érudition honore et agrandit le domaine des sciences et des arts, qui paient, comme ces deux auteurs, un large tribut de gloire à la race humaine : en France, l'Académie, l'Institut, l'Université, les Corps législatifs, ont de dignes représentants dans la Société française des Amis de la paix.

On peut opposer aux deux illustres penseurs, par lesquels jure M. Artige, un autre génie dont on n'aura pas droit de récuser la haute compétence, le grand Bossuet. Sa parole sera aussi *formidable* que celle de l'illustre auteur des « Considérations sur la France, » et son regard, — sans amoindrir son talent et sa rare intelligence, — si ferme et si élevé que celui de M. le vicomte.

Recueillons-nous et écoutons : voici le cri de l'aigle de Meaux : « La guerre est une chose si horrible, que je m'étonne comment le seul nom n'en donne pas de l'horreur, en quoi je ne puis souffrir l'extrême brutalité des anciens qui avaient une *divinité* pour la guerre, au lieu qu'un esprit, qui ne s'occupe qu'aux armes est, non un Dieu, mais une furie. » Cependant M. de Maistre ne donne pas seulement à la guerre un Dieu mythologique ; mais le *vrai Dieu*. Que n'aurait pas dit Bossuet alors ? Il aurait crié cent fois plus haut... Continuons la citation, il en vaut la peine.

« S'il venait, dit-il, un homme ou du ciel ou
« d'une terre inconnue et inaccessible où la ma-
« lice des hommes n'eût pas encore pénétré, à
« qui l'on fit voir tout l'appareil d'une bataille
« ou d'une guerre, sans lui dire à quoi tant de
« machines épouvantables, tant d'hommes armés
« seraient destinés, il ne pourrait croire autre
« chose, sinon qu'on se prépare contre quelque
« bête farouche ou quelque monstre étrange,
« ennemi du genre humain. Que si l'on venait à
« lui dire que cela se prépare contre les hommes,
« il ne faut point douter que ce récit ne lui fît
« dresser les cheveux ; qu'il n'eût en abomination
« une si cruelle entreprise et qu'il ne maudît mille
« et mille fois ceux qui l'auraient conduit en une
« terre si inhumaine. Mais encore, souffrons que
« les nations se battent les unes contre les au-
« tres, puisque telle est notre inhumanité, notre
« fureur, que lorsque nous nous trouvons sépa-
« rés de quelques fleuves ou quelques montagnes
« et par quelques différences de langage ou de
« mœurs, nous semblons oublier que nous avons

« une nature commune. Mais que des peuples qui
« se sont associés ensemble sous les mêmes lois
« et le même gouvernement afin de se prêter un
« secours mutuel, que ces peuples, dis-je, se dé-
« truisent eux-mêmes par des guerres sanglantes,
« cela passe à la dernière extrémité de la fureur. »

D'après ces paroles, d'une sublime éloquence, que penserait le grand Evêque de ceux qui divinisent la guerre, autant et plus que les païens ?

VI

Abordons le système de Joseph de Maistre maintenant.

Cet homme supérieur, dont le nom a retenti et retentira toujours avec gloire dans le monde savant et religieux, s'est néanmoins fourvoyé sur la question philosophique et humanitaire de la guerre.

« La guerre est nécessaire, dit-il, puisque c'est
« une loi du monde ; donc elle est divine. »
Cette incarnation, qu'on me pardonne ce mot, du fléau dans la divinité, aurait indigné Bossuet. Rendre, en effet, le Dieu de toute justice complice des horreurs et des iniquités des guerres, quel blasphème ! Non, jamais je ne me sentirai le

courage de mettre tant d'énormités à l'actif du Dieu trois fois saint ; laissons-en aux hommes la lourde et presque toujours criminelle responsabilité.

Ce sont toujours les préposés au gouvernement des nations qui en examinent les causes vraies ou supposées, graves ou légères qui la font éclater et en allument les torches ; ils le font librement ; car l'homme, cause seconde, puissante dans la création, sort des mains du Créateur libre et en possession de son autonomie. Quand il se détermine à choisir entre deux contraires, par exemple, entre la paix et la guerre, il ne le fait jamais sous la pression mystérieuse d'une influence qui le ferait agir fatalement. La Providence veille sur lui, sans doute ; mais cette paternelle vigilance ne paralyse jamais sa liberté. S'il abuse de ce don précieux, essentiel à sa nature, Dieu souffre l'abus sans l'approuver ; c'est ce qui constitue la source du bien et du mal, du mérite ou du démérite, dans les actes humains. « *Potuit transgredi et* « *non est trangressus, facere mala et non fecit.* »

Donc les guerres sont des faits humains *libres* ; donc elles ne sont pas divines.

Le savant de Maistre a élaboré son système dans une atmosphère, je devrais dire dans une métaphysique ténébreuse où la raison à côté de l'imagination, a joué un rôle secondaire ; les déductions qu'il en tire sont plutôt erronées que vraies ; principes faux, fausses conséquences (1).

Examinons les bases des affirmations absolues que fait sur la question, le savant auteur de « Considérations sur la France. »

VII

1° La guerre est divine, parce qu'il y a une loi du Créateur qui condamne les espèces animales à se détruire. Nous voyons, en effet, qu'elles se dévorent entre elles : les gros poissons dévorent les petits, etc., etc.

Donc, par analogie, il devrait en être ainsi de l'homme, mais l'homme est supérieur à toutes les bêtes, par son intelligence, sa force relative et par l'autorité souveraine dont Dieu l'a revêtu sur toute créature vivante : « *Omnia subjecit sub pedibus ejus.* » Les animaux ne peuvent donc le détruire ;

---

(1) Cette pression mystérieuse qui pousse, d'après de Maistre, *sans qu'ils s'en doutent*, les conquérants à la guerre, ne serait rien moins que le dogme de la fatalité musulmane. Aussi l'auteur l'évoque-t-il, des ténèbres du Néant, sous le titre de *Loi occulte*. Elle peut bien être occulte quand elle n'existe pas. Je ne sache pas que les juristes, ni les théologiens en aient jamais fait mention. Il s'efforce également de faire ressortir des péripéties des combats, du surnaturel et du merveilleux, tandis qu'en réalité, il n'y a, en général, que du très naturel. On parle de rêves et de chimères ; c'est ici qu'il n'y en a pas mal.

c'est lui au contraire qui les assujettit à sa puissance et les immole à ses besoins, selon les exigences de sa volonté. Pour que la loi de la destruction générale des animaux les uns par les autres, ait son effet sur lui et qu'il n'y ait aucune exception, qui le frappera?... *Lui*, répond de Maistre... par les guerres... C'est par ce moyen violent et barbare que la loi de destruction sortira son effet. — Quel raisonnement ! Voilà une loi de la mort : celle que Dieu créa à l'origine du monde ne suffit plus, M. le comte de Maistre en veut et en trouve une autre. Première base du système.

Deuxième base.

Le péché, rébellion contre Dieu, demande une expiation ; or, la guerre est le sacrifice expiatoire le plus puissant et le plus efficace ; donc elle est nécessaire et divine. Ainsi, dans cette opinion, Dieu qui abhorre les sacrifices humains, les appellerait avec amour. (7e entretien, Soirées de Saint-Pétersbourg.)

Hé bien ! ce système, bâti par l'auteur avec tant d'art, ne repose sur aucun pivot solide, et, s'il pouvait être vrai, il mettrait Dieu en contradiction avec lui-même.

1° Il s'appuie sur une fausse analogie. En effet, cette opinion suppose une égalité qui n'existe pas entre l'homme et la brute. En voulant traiter l'humanité et l'animalité de la même manière, Dieu ne serait pas juste. Et après avoir doué l'homme de splendides privilèges ; après l'avoir créé à son image par son âme, lui avoir donné une intelligence qu'aucune vivante créature ne possède, il serait mal à sa sagesse d'assimiler son sort à celui des bêtes. L'homme est roi dans ce monde, la terre est son domaine, et s'il en est le colon. *cola ego sum in terra*, il en est, au moins, l'usufruitier.

Quel autre être vivant que lui, dispose de tout selon son bon plaisir sur notre planète ? Il dompte les éléments et les assujettit à son service ; il prodigue des merveilles partout : sur terre, sur mer et dans les airs... Voyez les chemins de fer, les flancs des montagnes perforés, l'électricité, ce fluide redoutable, qu'il fait courir, parler à son gré, égalant la rapidité de l'éclair et de la pensée. Voyez les téléphones véhicules des sons, échos sensibles de la pensée, par lesquels deux personnes séparées par une distance de plusieurs kilomètres, peuvent se parler comme dans un cabinet.

En haut nos cœurs ! Le génie de l'homme a trouvé des vaisseaux aériens pour prendre un essor inconnu jusqu'à nos jours. Quand il s'ennuiera sur terre, il se dirigera vers des régions supérieures et ira du côté des cieux oublier les anxiétés sombres et terrestres. Il négligera les océans d'en bas pour faire ses évolutions capricieuses à travers les océans d'en haut.

Tout récemment, n'a-t-il pas trouvé la nouvelle boussole qui, selon ses fantaisies, dirigera son vol audacieux à travers les mers aériennes. Désormais, ses voyages d'en haut seront réglés comme il l'entendra. La hauteur et la longueur de l'itinéraire dépendront de sa volonté; il atterrira quand il voudra et toujours au lieu de son choix... Grâces vous soient rendues, ô capitaine de génie, Ch. Renard, et à vous, capitaine Art. Crebs, son glorieux collaborateur durant six ans ! La monotonie de vos salutaires expériences, cent fois répétées, cent fois stériles, ne vous a jamais rebutés dans vos scientifiques recherches ! Vous avez vaincu les obstacles et trouvé le véritable sillon de la lumière. Comme Archimède, dans le transport de votre joie, vous pouvez lancer votre Eurêka ! aux quatre vents... Oui, oui, je l'ai trouvé !.. Et vous avez fait tressaillir l'humanité dans la personne de tous les adorateurs de la science.

Voilà l'homme avec sa sublime aptitude à dompter la nature vivante et la nature inerte. Où en est la bête ?... Où elle en était du temps du père Adam. Elle n'a pas progressé d'un centimillimètre : brute elle était, brute elle est, brute elle sera.

C'est ce qui fait dire à juste titre à Buffon, après avoir parlé de toutes les ressources de l'instinct animal :

« On conviendra que le plus stupide des hommes

« suffit pour conduire le plus spirituel des animaux ;
« il le commande et le fait servir à ses usages, et
« c'est moins par force et par adresse que par sa
« supériorité de nature et parce qu'il a un projet
« raisonné, un ordre d'action et une suite de mo-
« yens par lesquels il contraint l'animal à lui obéir ;
« car, nous ne voyons pas que les animaux qui sont
« plus forts et plus adroits, commandent aux
« autres et les fassent servir à leur usage. Les
« plus forts mangent les plus faibles ; mais cette
« action ne suppose qu'un besoin, un appétit, qua-
« lités fort différentes de celle qui peut produire
« une suite d'actions dirigées vers le même but. Si
« les animaux étaient doués de cette faculté, n'en
« verrions-nous pas quelques-uns prendre l'empire
« sur les autres et les obliger à leur chercher la
« nourriture, à les veiller, à les garder lorsqu'ils
« sont malades ou blessés ? Or, il n'y a parmi les
« animaux aucune marque de subordination, aucu-
« ne apparence que quelqu'un d'entre eux connais-
« se et sente la supériorité de sa nature sur celle
« des autres. Par conséquent, on doit penser qu'ils
« sont, en effet, tous de même nature. Et en mê-
« me temps, on doit conclure que celle de l'homme
« est non seulement fort au-dessus de celle de l'ani-
« mal, mais qu'elle est aussi tout à fait différente. »
(Art. *L'homme.*)

Le savant naturaliste continue dans de longues

pages à constater, entre l'homme et la brute les plus radicales différences.

Et cet être, établi monarque sur la terre, n'ayant aucun autre être vivant pour le détruire, comme dans le règne animal, de Maistre veut qu'il subisse, comme la brute, la loi de destruction et qu'il se détruise lui-même par la guerre. Dans la pensée de Dieu comme dans celle du comte, pas de différence dans le traitement ; assimilation complète entre l'homme et l'animal, — cette confusion injuste, pourrait-elle émaner de la justice divine ? Impossible. En effet, voici ce que dit le Prophète-Roi, psaume 8, en parlant de l'homme : « Vous lui avez donné,
« Seigneur, une perfection peu au-dessous de celle
« des anges ; vous avez posé sur son front une au-
« réole d'honneur et de gloire ; vous l'avez établi
« monarque sur les œuvres de vos mains ; vous avez
« tout mis sous ses pieds : les oiseaux des airs, les
« poissons des mers ; les quadrupèdes et tous les
« autres animaux reconnaissent sa puissante et sa
« haute suprématie. » De grâce donc, ne découronnez pas l'homme et ne faites pas tomber de sa noble tête le signe de royauté, parure radieuse, posée par la main même de Dieu. Non, l'homme n'est pas une brute, et celui qui lui a donné l'être n'a pas voulu l'assimiler à elle et le traiter comme elle. Donc l'analogie sur laquelle vous appuyez votre étrange système s'écroule sous le poids de son échafaudage.

VIII.

Les partisans de la guerre s'appuient encore sur un autre pivot vermoulu. Il faut, disent-ils, laver la terre de ses iniquités par l'expiation et le sacrifice. Mais quel mal moral ont fait les animaux ? De quel crime sont-ils coupables, veut-on et peut-on convertir en vérité la théorie du lion dans la fable des animaux malades de la peste et sanctionner la condamnation du pauvre âne qui avait tondu du pré du moine un espace égalant la largeur de sa langue ! Absurdité.

L'homme, dit-on encore, est coupable envers Dieu, son souverain et son bienfaiteur ; or, ces inqualifiables ingratitudes méritent satisfaction ; c'est pour cela que Dieu a mis dans le cœur de l'homme l'instinct passionné de la guerre afin qu'il satisfasse à sa justice par l'effusion de son sang. Voyons si cette singulière théologie est d'accord avec l'Ecriture et avec l'enseignement catholique. Elle suppose que les sacrifices humains plaisent à Dieu ; or, bien loin de là. Il les abhorre et anathématise les nations qui y ont recours pour honorer leurs faux dieux. Pas une ligne des saints livres ne prescrit d'arroser les autels de sang humain. L'idée contraire avait envahi le cerveau du grand de Maistre, et c'est lui qui s'est avisé d'en révéler la prétendue nécessité : on peut lire l'abbé Guénée sur les sacrifices humains pour se mieux fixer sur ce point.

Cette singulière doctrine suppose encore que le sacrifice de la croix a laissé la nécessité d'être complété par les hécatombes sanglantes de la guerre. Or la foi nous apprend que J.-C. fut chargé des iniquités de tous les hommes et que l'effusion de son sang divin, d'une valeur infinie, satisfit à la justice divine si indignement outragée, d'une manière surabondante. Cette surabondance de satisfaction est de foi et fait la base du dogme des indulgences. De plus, le sacrifice de nos autels est un sacrifice propitiatoire, continuant celui de la croix, non comme nécessaire mais comme une source, pour ainsi dire, de luxe, enrichissant le trésor de l'Église où les fidèles peuvent puiser à volonté par le moyen des sacrements toutes les ressources spirituelles afférentes à leur salut. Le saint Sacrifice s'applique aussi à la remise des peines temporelles dues aux péchés. — Que l'on n'oublie pas qu'en général, dans cette brochure, je parle à des croyants. La deuxième loi de la mort créée par M. de Maistre, est donc inutile et blesse en même temps l'enseignement catholique. Lorsque l'Apôtre saint Paul dit qu'il accomplit ce qui manque à la Passion du Sauveur, il entend affirmer qu'il se rend digne, par ses œuvres saintes, d'en profiter. Donc, pas de seconde loi de mort; la première, *morte morieris*, vous mourrez certainement, provoquée par la défaillance de nos pères, doit suffire.

IX

J'ajouterai que si les lois des hommes doivent être justes, à plus forte raison, les lois divines. Celles-ci doivent être l'asile sacré où s'abrite surtout la justice distributive. Dieu ne doit faire acception de personne. Donc, toutes choses égales d'ailleurs, récompense égale pour le mérite, châtiment égal pour le démérite. Mais si le sang humain qui inonde à flots les champs de bataille est exigé de Dieu, ce cruel tribut devrait atteindre tous les coupables ; or, il n'en est rien, il n'en frappe que la moitié, les femmes en étant affranchies. Cependant c'est quelquefois par leurs intrigues que s'allume le feu de la guerre : puis, sont-elles moins coupables que les hommes dans le cours de la vie? Le poison de tous les vices ne fermente-t-il pas dans leur cœur? Si le sexe a ses héroïnes dans la vertu, s'il s'honore par le bien, le dévouement et le sacrifice, ne voit-on pas, hélas! dans ses rangs les types de tous les vices, de toutes les bassesses? La société n'a-t-elle pas eu à rougir de nourrir dans son sein des harpies aux ongles crochus, des mégères, des Bacchantes, des Messalines, des Aspasies, des Locustes, des Brinvilliers? Sous le rapport des mauvaises passions, elles ne cèdent rien aux hommes, et l'on doit dire d'elles ce qu'on a dit de nous : *Homo sum, et nihil humani a me alienum puto* : Je suis femme et, à ce titre, je partage avec l'homme, toutes les misères humaines. Comment fait donc l'apôtre de la divinité des guerres pour justifier cette choquante anomalie? Il n'en parle pas ; c'est que sa théorie n'est pas soutenable ; de toutes parts ses points d'appui lui font défaut. Cessons donc de répéter avec lui que la guerre est une loi du monde, conséquemment une loi divine.

M. l'abbé Artige a trouvé ces mots « formidables » et il paraît qu'il en a été fortement ému. Pour moi, je les ai lus plusieurs fois, et toujours de sang-froid; et ne les trouvant justifiés par aucune preuve, ils m'ont toujours trouvé réfractaire.

Il n'en a pas été ainsi de la céleste exclamation des anges sur l'humble crèche de Bethléem, cette voix mélodieuse qui a réveillé le monde, qui a retenti dans le ciel et sur la terre : « Gloire à Dieu au plus haut des cieux et *paix* sur la terre aux hommes de bonne volonté ! » m'a remué le cœur jusqu'à la dernière fibre. Je ne suis pas le seul qui ai résisté aux séductions insinuantes et fleuries du célèbre penseur sur la question. J'ai l'honneur d'être en bonne et nombreuse compagnie.

X

Je demande à mon lecteur la permission de lui mettre sous les yeux les paroles d'un homme de lettres par lesquelles il exprime sa pensée sur le système de la divinité de la guerre. Jamais je n'ai eu l'honneur de voir et de connaître cet homme honorable ; mais il avait lu mon livre contre la guerre. Je vais citer ce qu'il en dit dans le journal *le Mémorial catholique*, dont il était le directeur (n° de mai 1867). Si je fais cette citation, ce n'est certainement pas dans un intérêt sot et mesquin d'amour-propre, mais bien dans l'intérêt de l'humanité. Voici donc les propres paroles de M. Guérin :

« En nos temps si troublés et alors que, tout en
« proclamant et en désirant la paix, on n'entend par-

« ler que de guerres et on ne voit que peuples qui
« renforcent leurs armées, inventent des armes de
« destruction plus expéditives et plus meurtrières,
« voici un livre qu'on ne saurait trop lire et trop
« méditer.

« Il faut un certain courage, dit l'auteur, pour
« attaquer aujourd'hui les idées généralement
« reçues, au sujet de la guerre. Essayer de prou-
« ver et de persuader au public que l'art de tuer
« les hommes, est de tous les préjugés qui puis-
« sent nuire à l'humanité, le plus absurde, le
« plus atroce même, c'est tenter, sinon une œuvre
« impossible, au moins une œuvre bien difficile.
« Cependant, ni la difficulté, ni l'incertitude du
« succès ne doit arrêter le philosophe chrétien qui
« voudrait un sort meilleur pour ses frères.

« Nous louons grandement M. l'abbé Garaude
« de ce noble courage et nous le félicitons d'avoir
« si bien accompli cette œuvre. Son livre remar-
« quable en plus d'un endroit, excellent dans
« tout son ensemble, se divise en quatre parties
« principales.....

« La thèse que soutient M. l'abbé Garaude, est
« incontestablement la meilleure, la plus chré-
« tienne, et nous nous sommes réjouis, après
« lecture de son livre, de la voir si bien prouvée,
« si fortement défendue. Un chapitre qui nous a
« surtout vivement intéressé, est celui où l'auteur

« réfute de la manière la plus péremptoire, et la
« plus convaincante, la désolante théorie de M. de
« Maistre sur la guerre. Nous recommandons
« ces pages d'une logique serrée et d'un jugement
« droit, aux disciples outrés du grand homme.

« A notre avis, ce traité est une bonne action
« dans toute la force du terme en même temps
« qu'une belle page de philosophie chrétienne, à
« laquelle nous adhérons de tout cœur. Nous
« ne nous étonnons point que ce bon livre ait
« valu à M. l'abbé Garaude, d'honorables suffrages
« parmi les âmes qui placent les intérêts de l'hu-
« manité avant tout ; et ce qui vaut mieux encore,
« nous sommes sûr, qu'aux yeux du Dieu de paix et
« d'amour, cet ouvrage attirera d'abondantes béné-
« dictions sur son généreux et zélé auteur. » Oh !
oui, si malgré mes timides répugnances, trop
justifiées par l'insuffisance de mes talents, j'ai pris
deux fois la plume de ma main sénile, dans une
si haute question, c'est le cœur qui m'a vaincu.
J'aime Dieu, et je n'ai jamais pu ni voulu le
regarder, comme complice des iniquités et des
horreurs de la guerre. — Je vous aime, ô pères
de famille, ainsi que vos fils de vingt ans, et j'ai
pleuré avec vous lorsque le sort a marqué au front
ces innocentes victimes consacrées au dieu Mars,
cruel Dieu de la guerre !

XI

Allons plus loin et nous verrons que le système dont nous nous occupons mettrait Dieu en contradiction avec lui-même, s'il était vrai.

La volonté de Dieu nous est connue par la Révélation, la loi naturelle et la raison, ce qui est un peu la même chose.

Rappelons-nous la création de l'homme, racontée par Moïse. Dieu, par sa toute-puissance, avait fait jaillir du chaos et lancé dans l'espace tous les corps célestes, rayonnants ou opaques, y compris notre planète. Cette création solennelle qui émerveille et confond nos pensées précéda, peut-être, celle de l'homme de plusieurs millions d'années !!!... Le progrès des sciences l'affirme et la foi ne défend pas de le croire. Le premier mot de la Genèse qui ouvre cette scène grandiose, est un mot simple en apparence, mais en réalité, il est magique, élastique et sublime :

« Au *commencement, in principio.* » La signification indéfinie en est si large, qu'elle peut embrasser, sinon l'éternité, au moins un nombre incalculable de siècles. La science peut s'y mouvoir et y trouver la clé de bien des questions énigmatiques, sans froisser la véracité de nos livres saints. Dans ce mot de quatre syllabes, la géologie peut à son aise dérouler le tableau curieux de ses couches, un peu mystérieuses cependant, *Primaire, Secondaire, Tertiaire* et *Quaternaire.* Comment l'Ecrivain sacré a-t-il pu trouver ce mot étonnant, source riche et féconde, pour en faire le prologue de sa Genèse ? C'est qu'il n'était pas seul....

Enfin, l'œuvre de la création s'achève ; les six jours dont on ne peut préciser la durée, mais qui auront enseveli dans leurs révolutions, des cycles incalculables, vont expirer. La terre d'abord inhabitable pour l'homme, s'est transformée, condensée et refroidie : la voilà parée de sa luxuriante végétation. Quelle magnificence ; quel décor ! Alors Dieu dit : Faisons l'homme à notre image, et il créa le premier homme et la première femme. Ils sortirent de ses puissantes mains dans un état parfait, selon la nature de leur espèce. Ils ne connurent ni les pauvretés ni les débilités fragiles de l'enfance, ni les tâtonnements anxieux de l'adolescence ; le divin Créateur les doua d'emblée de toutes les beautés du corps, de l'âme et d'une intelligence touchant presque à celle des anges. Il les mit en possession d'un vaste enclos des plus riants, des mieux fleuris, des mieux embaumés, des plus riches en fruits délicieux. C'est pour cela qu'il donna à cette plage enchantée le nom de paradis de volupté. Ensuite, dit l'auteur sacré, il leur adressa solennellement la parole, les bénit, disant : Croissez et multipliez-vous sur la terre; remplissez votre vaste domaine ; domptez-en les éléments et régnez en souverains :

Benedixit illis Deus et ait : Crescite et multiplicamini.

Quelle investiture, et de quel royaume !... Régnez donc, ô père des hommes, mais reconnaissez et respectez votre dignité. Vos droits sont immenses et nulle créature vivante ne peut les limiter. Et quelle puissance ! Quelle royauté ! L'homme est roi, et l'étendue de ses États, c'est la surface du monde. Il a droit d'user de tout, et ce droit n'a d'autres limites que celles d'en abuser !

D'après ce que nous venons de voir, l'homme doit peupler la terre ; il en a reçu solennellement la mission. Les générations doivent s'y succéder, les colonisations, ondulations humaines et mobiles, doivent se multiplier, s'étendre et couvrir ainsi la surface habitable du globe. Les qualités physiologiques de l'homme sont, du reste, en parfaite harmonie avec le précepte divin.

L'homme devant peupler la terre, ce qui tend, ici-bas, à restreindre en nombre les enfants d'Adam, la race humaine, n'est pas seulement une faute politique et sociale, c'est, de plus, un mépris flagrant et criminel de la volonté du Créateur. Mais la guerre qui moissonne l'élite de la jeunesse à la fleur de l'âge, nuit essentiellement à la propagation de la race humaine : donc, elle viole la loi formelle du Créateur ; donc elle n'est pas divine. Autrement Dieu se mentirait à lui-même. Donc aussi, la stérilité volontaire qui outrage la nature en abusant de ses dons, blesse essentiellement la vertu et profane la sainteté du mariage.

A propos de mariage, faisons, ici, une remarque sur les paroles divines de son institution primordiale. On voit, dans ce texte sacré, que Dieu donna d'abord la bénédiction à nos premiers pères et que ce n'est qu'après qu'il leur dit : Croissez et multipliez-vous. Que votre race envahisse et remplisse la terre. Ainsi le *Benedixit* précéda le *Crescite*. Précieux et radical enseignement qui nous fait voir que la Religion doit toujours être le vestibule sacré du lit nuptial. Tous les peuples, même les plus novices en civilisation, ont senti le besoin d'appeler l'intervention du Ciel dans l'union légitime de l'homme et de la femme. Nous avons vu plus haut la supériorité de l'homme sur la brute, l'énorme différence qui les sépare. Rougissons donc d'en imiter les sauvages accouplements ! Mais, hélas ! sous l'empire d'aveugles passions, l'homme subit des abaissements stupides qui le dégradent (1). Avis, en pas-

---

(1) *Homo, cum in honore esset, non intellexit : comparatus est jumensis et factus est similis illi.*

sant, aux partisans des mariages purement civils.

XI

Cependant, la race humaine, numériquement accrue, sentant le besoin de l'expansion, se mit à franchir l'horizon de son berceau. De nombreuses phalanges, se détachant du tronc, s'en vont, ondulations vivantes, peupler des plages lointaines. C'est à cette époque mémorable et d'une durée de plusieurs siècles, que surgissent les royaumes des Chaldéens, des Assyriens, des Egyptiens, des Chinois, etc.

Il était naturel que les régions les plus rapprochées du paradis de volupté et qui en formaient la circonférence, fussent les premières envahies. Aussi, sont-ce les peuples dont les évolutions remplissent les premières pages de l'histoire ancienne, concordance admirable et frappante du texte sacré avec les traditions et l'histoire profane.

Enfin, la voix du Créateur, ordonnant de peupler la terre, le *Crescite* et le *Replete terram* ont sorti leurs effets: le globe n'est plus désert; l'homme se l'est assujetti, il en est l'usufruitier, *incola ego sum in terra?* Il a le droit de s'y procurer toutes les jouissances légitimes en son pouvoir. Point de restriction dans la large liberté qu'il a reçue d'en user.

Cependant les sociétés humaines fleurissent, prospèrent, mais les passions fermentent dans leur sein. La loi naturelle gravée dans le cœur de l'homme ; les lois divines, enseignées verbalement, dès l'origine, s'étaient profondément altérées. Alors Dieu, qui ne se contentait pas d'avoir créé l'homme, mais qui voulait en protéger et en conserver l'existence, fulmina son Décalogue du sommet tonnant et embrasé du Sinaï : « Vous ne tuerez pas, *non occides*. Cette loi n'a été à l'état écrit que depuis Moïse ; mais avant, c'est-à-dire depuis la création jusqu'à ce grand serviteur de Dieu, époque appelée la loi de nature, elle existait dans la tradition. De plus, Dieu l'avait gravée dans le cœur de l'homme, comme loi naturelle, en lui donnant pour base l'évidence de ce principe : « Tu ne feras pas aux autres ce que tu ne veux pas que l'on te fasse. » Or, tu ne veux pas que l'on t'arrache la vie, respecte-la donc dans le cœur et dans les veines de ton semblable. Aussi, lorsque Caïn tua son frère Abel, sentait-il dans son âme la puissance de cette loi et savait-il qu'il faisait mal. C'est pour cela que, n'osant réaliser son noir projet sous les regards de la famille, il proposa, en fourbe homicide, une promenade à l'innocente victime de sa fureur ; et ce ne fut que lorsqu'il fut assez loin des tentes qu'il eut le sinistre et barbare courage de perpétrer son crime.

Cette loi a donc toujours existé, et la vie de l'homme, à l'abri de ce puissant bouclier, a toujours été regardée comme sacrée. Les préceptes affirmatifs n'obligent pas à tout instant, mais les négatifs n'admettent pas de rémittence et obligent toujours : *Semper et pro semper*, disent les théologiens. Il est donc impossible, à travers le torrent des siècles, de trouver une seconde où il soit permis de la violer de sa propre autorité. Tu ne tueras donc pas, ni aujourd'hui, ni demain, ni jamais !.. De là les lois pénales contre les homicides, de là, la loi du talion.

Mais, disent les faiseurs d'utopie sur la divinité de la guerre, nous sommes d'accord avec vous sur ce point : le meurtre est un crime et doit être puni : la loi naturelle sociale et divine qui le réprouve et le frappe est juste ; seulement, transportée dans la haute sphère de la guerre, en général, elle n'est plus de mise ; elle perd sa force et sa valeur devant ces grands faits militaires, devant ces luttes solennelles internationales qui ont remué, ensanglanté le monde.

Pour faire croire à ce paradoxe, qui met Dieu en contradiction avec lui-même, il faudrait prouver qu'en défendant le meurtre individuel, il a permis le meurtre en masse. Or, jamais, ni le génie de M. de

Maistre, ni celui de ses adhérents, n'arriveront à cette impossibilité. La raison individuelle et générale affirmera toujours que tuer un homme, hors le cas de légitime défense, est un crime ; qu'en tuer cent mille, dans une guerre offensive, entreprise par un ravageur de provinces, ambitieux et emporté, il est cent mille fois plus criminel, pour ces bourreaux, fléaux impardonnables de l'humanité.

Vouloir justifier les hécatombes sanglantes des guerres, tout en réprouvant l'homicide individuel, c'est comme si on disait : Il n'est pas permis de voler cent francs, mais il est très-permis de voler un million. C'est, comme on le voit, l'absurde de l'absurde. C'est encore comme si on disait : c'est un crime d'incendier une maison ; mais ravager, réduire en cendres et ensevelir sous ses ruines une ville de deux millions d'habitants, c'est un triomphe et une gloire. En effet, d'après les préjugés sur la guerre, la prétendue gloire est en raison des ravages, des ruines accumulées et du grand nombre de cadavres qui jonchent le champ de bataille.

Dieu peut-il être complice de ces aberrations sauvages ? Jamais ! donc la guerre n'est pas divine.

O guerriers vaillants et vainqueurs ! j'admire votre génie, mais j'abhorre vos œuvres. Votre renommée, d'abord vulgaire, brille comme l'aurore d'un beau jour ; vous avez trouvé dans les batailles

les filons d'or de la fortune ; vous avez moissonné cent signes de distinction qui brillent sur votre ardente poitrine, mais à quel prix, grand Dieu !... Voyez des provinces ruinées, des familles en deuil, une jeunesse naguère florissante, ensevelie par milliers dans de vastes fosses béantes et ensanglantées !... Hélas ! toutes ces victimes étaient des frères, et des frères innocents ! et, par surcroît de dérision, ce sont les familles qui fournissent l'or aux bourreaux de leurs enfants ; car, dit-on, l'argent est le nerf de la guerre : qui paie l'impôt, si ce n'est le père de famille ?

Je prie le lecteur de ne pas oublier que je ne parle, ici, que de guerres offensives, inconsidérément déclarées.

Il est évident que la force brutale, triomphant dans la guerre, est le renversement de tout le Décalogue. Cette loi divine consacre le principe de la propriété. Mais en temps de guerre et sur le vaste théâtre des combats, est-ce que le propriétaire est maître chez lui ? Ne renverse-t-on pas tout ce qui est debout dans ses biens ? Le fléau de la destruction, ne fait-il pas table rase partout ? L'incendie, le pillage, la mort, la fornication, l'adultère, le viol, l'orgie : voilà bien, pour l'ordinaire, le lugubre cortège de la victoire. La fortune, l'honneur des femmes, les droits de la vertu : tout est sacrifié ! Le Ciel peut-il sourire à ces navrants spectacles ? Et cependant, tous ces droits violés sont basés, à la fois, sur les lois naturelles et divines.

Si la guerre est une loi du monde, et, conséquemment divine, Dieu fait comme Saturne, qui dévorait ses enfants mâles dès leur naissance. Il ressemble à Pénélope, qui détruisait la nuit la trame qu'elle faisait le jour ; au Pharaon d'Egypte qui faisait juguler, par ses sages-femmes, à leur naissance, les enfants mâles des femmes israélites. Absurde !

Je parle, en général, dans ce travail, à des croyants, mais les sceptiques, même les partisans du Dieu-Nature, peuvent également s'y reconnaître et y trouver leur lot.

XII

Au sixième siècle, Mahomet, ce conquérant terrible et insatiable, promenant ses torches incendiaires, portait le ravage et la mort dans les rangs de la chrétienté. Ses succès foudroyants scindèrent l'Eglise en deux grandes parts et la foi fut anéantie dans celle qu'il courba sous son sceptre de fer.

En 732, les Sarrasins barbares, et souvent vainqueurs, firent invasion en Europe, se précipitant de tous côtés, ne laissant à leur suite, que des traînées de ruines et de sang, des populations désespérées, finissant presque de mourir de misère et de faim.

Charles-Martel, heureusement, héros admirable de la guerre défensive, écrasa sans merci ces hordes ravageuses, jusque-là indomptables : ces guerres jouissaient-elles du caractère divin ?...

Hélas ! de nos jours encore, lorsque Napoléon III précipita nos soldats vainqueurs en Italie, où nos phalanges enthousiastes s'illustrèrent si admirablement sur les champs de Solferino et de Magenta, la cause de Dieu y trouva-t-elle, aussi, sa gloire !... Oh ! non. Sans doute ce coup de main glorieux couvrit d'un nouveau lustre l'esprit martial de nos intrépides soldats; mais il fut fatal à la France sous le rapport politique et religieux. Et d'abord sous le rapport politique. Avant cette guerre malencontreuse, nous n'avions rien à redouter de l'Italie, fractionnée qu'elle était en duchés, marquisats, principautés, etc. Napoléon, d'accord avec Cavour, la condensa, en fit un État puissant et homogène. Aujourd'hui, cette poussière de républiques et d'autres petits États a formé, par agrégation, un bloc de granit formidable, et nous avons à nos portes une rivale de trente millions de population avec laquelle il faudra compter. D'un autre côté, l'empire géant de l'Allemagne qui nous suit sans cesse de son regard jaloux et hautain :

voilà l'étau qui nous étreint et dont nous a dotés la dernière guerre d'Italie.

Il est vrai que l'empereur s'était engagé par serment et sous peine de mort, à ce grand acte politique, dans les loges des sociétés secrètes de la Péninsule, si jamais il se trouvait en pouvoir de le réaliser. — Déjà, depuis qu'il gouvernait notre pays, il y avait eu sur sa personne plusieurs tentatives d'assassinat. — Napoléon III redoutait donc le poignard des carbonari et des garibaldiens. C'est cette épée de Damoclès, dit-on, qui fut, au moins, l'un des ressorts qui précipitèrent nos armées en Italie. Il eût mieux valu pour la France que son chef eût joué le rôle de Codrus, roi d'Athènes, qui pour sauver sa patrie, se sacrifia volontairement. Les oracles avaient, dit-on, décrété la mort du roi ou la ruine de la patrie. Codrus choisit la mort et sauva la patrie.

Napoléon, ne voulant pas mourir, racheta sa vie par la guerrre, par notre or et le sang de nos soldats.

J'ai dit que cette guerre avait été fatale aussi sous le rapport religieux.

En effet, à la publication du manifeste, le clergé français, surtout l'épiscopat, fut atterré, un frisson général parcourut les veines de la France catholique et se fit sentir même bien au delà de nos frontières ; les esprits les moins clairvoyants, virent par avance le sort réservé au S. Pontife et les orages grondants qui devaient éclater sur le Vatican. Déjà on avait compris ce qu'il y avait de machiavélique dans cette détermination, et les souvenirs des agressions injustes contre Rome de la part des Astolfes, des Didier, étaient loin de rassurer l'Église effrayée.

La France, en chassant les Autrichiens de la péninsule, ouvrait la route de Rome aux garibaldiens et aux autres ennemis jurés de Pie IX.

Cependant le traité de Villafranca laissait aux catholiques une lueur d'espérance. L'empereur qui voulait la spoliation des droits temporels du pape, s'était néanmoins engagé, mais seulement en apparence, à les sauvegarder. Il n'osait encore déchaîner sur Rome effrayée les hordes frémissantes des ennemis de la foi ; mais il était harcelé par elles.

XIII

Enfin, au milieu de l'effervescence qui tourmente l'Italie, Pie IX, mal conseillé, s'arrête à une mesure extrême. Il est dans l'Eglise, et particulièrement en France, d'honorables familles, dont la foi héroïque transporterait des montagnes, et sous le feu d'une persécution sanglante elles voleraient au martyre. La même flamme brûle dans le cœur de leurs enfants. A l'appel du pieux Pontife, cette jeunesse chevaleresque, s'est écriée : Partons, Dieu le veut ! Et la foi des parents approuve et bénit ces héroïques résolutions.

Quelquefois, c'est un fils unique, seule consolation de la famille, en qui repose l'avenir de la maison et qui doit en continuer les honorables traditions. D'autres fois, c'est un fiancé qui retarde les allégresses d'une alliance joyeusement ménagées : ni les larmes d'une mère attendrie, ni les soupirs de la fiancée qui pleure sur le sort de son futur époux ; rien ne refroidit leurs chaleureux élans... Le fiancé, nouveau Rodrigue, veut tomber glorieusement dans la lutte ou revenir triomphant, décoré de blessures, et plus digne de sa bien-aimée Chimène.

Un général, dévoué corps et âme à sa patrie, qui, en la servant en Afrique, a gagné des batailles, s'est couvert de gloire et de lauriers ; qui a trouvé, hélas, de nouvelles tactiques militaires pour expédier plus vite et à la bayonnette les soldats ennemis, pour faire rendre à l'arme blanche le plus de victimes possible, Lamoricière, l'intrépide vainqueur, touché des maux qui pèsent de tout leur poids sur le Père commun des fidèles, voyant la ville sainte sur le point de tomber entre les mains des incirconcis, déploie son drapeau et, nouveau Machabée, dans sa douleur guerrière il s'écrie : « Suis-je donc né pour voir l'affliction de mon peuple, le renversement de la ville sainte et demeurer en paix... Mieux vaut mourir !... *Quò ergo nobis adhuc vivere !* Non, jamais ! je ne serai le lâche déserteur de la cause du Seigneur et de son représentant sur terre. Non, non, jamais mon front fier et audacieux devant l'ennemi, ne rougira des lois sacrées de la justice. *Non est nobis utile relinquere legem et justicias Dei.* Que ceux donc qui sentiront au fond du cœur les héroïques élans de la force et du courage se joignent à moi ! » Et ces fiers vaillants dont nous venons de parler, se précipitent autour du pieux et magnanime guerrier, quittant, pour défendre le juste opprimé, tout ce qui leur tenait le plus à cœur dans la vie. *Et reliquerunt quæcumque habebant in civitate.*

Cependant l'Italie resserrait chaque jour les droits du S. Pontife. La spoliation allait son train ; néanmoins les ministres, voulant agir de manière à ne pas compromettre Napoléon III, aux yeux des catholiques français, avaient de certains ménagements. L'Empereur qui, dans le fond, désirait l'invasion de Rome aussi bien que le gouvernement piémontais, n'osait s'en avouer le complice. Enfin, le 4 septembre 1860, étant à Chambéry, Cialdini y court pour une entrevue. C'est là que la criminelle invasion fut décrétée sur la pressante sollicitation du général à Napoléon, de consentir au coup de main. Celui-ci laissa tomber de ses lèvres ces trois mots, trop célèbres : « Allez et faites vite !!! »

C'est Mgr de Salinis, archevêque d'Auch, qui avait l'oreille de la cour, en était souvent le confident et qui en a fait reproche lui-même au souverain, lequel a été amené à faire le pénible aveu de ce terrible propos, c'est, dis-je, Mgr de Salinis qui en garantit l'authenticité. C'est encore Cialdini lui-même qui a répété le même propos et a déclaré le tenir de l'empereur dans les mêmes termes, à M. de Rainneville, aide-de-camp du général Pimodan. Voir le détail de ce fait historique dans la la Vie de Mgr de Salinis, par Mgr de Ladoue, d'heureuse mémoire, ancien évêque de Nevers, pag. 413 et suiv.

Les trois paroles fatales ci-dessus, et dignes de leur auteur, avaient fait tressaillir le général piémontais. Désormais, libre de toute entrave et prompt comme l'éclair, il se précipite comme un oiseau de proie sur le territoire pontifical... 70,000 hommes l'attendaient prêts à marcher, s'il rapportait l'autorisation désirée. D'autre part, le général Fanti, à la tête d'un autre corps d'armée, sur la frontière des Marches, cherchant à l'intimider, faisait retentir ses menaces hautaines contre

Lamoricière. Celui-ci, toujours intrépide et de sang-froid, en face du danger, ne cesse de se multiplier, faisant tête à tout. Ce qu'il craint le plus, ce n'est pas toujours la supériorité du nombre des ennemis, mais bien leur fourberie et leur déloyauté. — Nul respect pour le droit des gens ; toujours des surprises et des trahisons : ajoutez à cela qu'ils sont bien armés et huit contre un. Puis, Lamoricière ne s'attendait d'abord qu'aux agressions de Garibaldi et non à celles des troupes piémontaises. — Il attendait des secours du côté de la France, ne croyant pas à la duplicité de Napoléon III, il était loin de le regarder comme l'infâme complice des guet-apens, des perfidies et des délaissements, hélas ! dont lui et la pléiade de braves qu'il commandait, allaient être victimes. Mais j'oublie que je ne suis pas historien ici. Que le lecteur ouvre la Vie de Pie IX, au c. XIII, pag. 7, par M. Villefranche, il y verra de navrants détails, il y verra les luttes héroïques de l'armée pontificale, il y verra des prodiges de valeur qui étonnent et font reculer l'ennemi ; il y verra, hélas ! des paniques et des défections, une grande partie de l'armée pontificale anéantie... O Castelfidardo ! ô collines arrosées du sang des preux, ô Gelboë nouvelle ! Ils sont tombés sur les mamelons empourprés de sang, les modernes Jonathas ! Comment les vaillants d'Israël ont-ils été vaincus ?

Malheur à vous, vallons infidèles aux droits du sacrifice chevaleresque et désintéressé, aux droits de la justice ! Que le Ciel vous dépouille de votre vêtement de verdure et de votre parure de fleurs ; qu'il refuse, désormais, ses tièdes ondées pour féconder vos guérets !... *Montes Gelboe, nec ros nec pluvia veniant super vos !*....

Cependant, d'incidents en incidents, de luttes en luttes, de perfidies en perfidies, sous les regards inattentifs des puissants de l'Europe, le crime d'usurpation des provinces papales, l'invasion de Rome, tout est consommé. La force brutale libre l'emporte sur le droit. Au milieu des péripéties héroïques et sanglantes, du côté de ses défenseurs, Pie IX, le juste, délaissé, succombe, est humilié, dépouillé, conspué. Son palais se transforme en maison de détention, où il souffre, gémit et prie tous les jours. Quel est le principal auteur de ce drame lamentable pour tous les cœurs chrétiens ? Sans contredit, c'est l'empereur des Français par sa guerre d'Italie en 1859 ; par sa politique tortueuse et hypocrite, si bien caractérisée par l'illustre évêque de Poitiers : « Pilate pouvait sauver le
« Christ, et sans Pilate on ne pouvait mettre le
« Christ à mort ; le signal ne pouvait venir que de
« lui ; *nobis non licet interficere*, disaient les Juifs...
« Lave tes mains, ô Pilate ! déclare-toi innocent de
« la mort du Christ. Pour toute réponse, nous

« dirons, et la postérité la plus reculée dira encore :
« Je crois en Dieu, le Fils unique du Père, qui a
« enduré mort et passion sous Ponce Pilate ! *Qui
« passus est sub Pontio Pilato.* »

Pourquoi me suis-je arrêté à cet épisode historique et contemporain ? C'est que les faits y sont solennels et d'une telle importance et d'une si haute portée, que le monde catholique et le monde social peuvent avoir à en gémir longtemps ; c'est que, aux yeux des croyants, cette guerre fatale ne peut être divine, autrement Dieu se mentirait à lui-même. — C'est que, dès lors, ces faits si gros de conséquences, donnent un démenti formel à la théorie de de Maistre sur la guerre.

Dernier chapitre sur la première partie de cette brochure.

RÉSUMÉ

M. le comte de Maistre prétend que la guerre est le résultat nécessaire d'une loi générale de destruction entre les êtres vivants sur notre planète. En vertu de cette loi, dit-il, les animaux les plus forts doivent dévorer les plus faibles, et ils le font. Mais l'homme, par sa puissance morale et physique, domine toutes les bêtes. Nulle espèce d'entre elles ne peut donc le détruire. Cependant il est assujetti à la loi générale de destruction. Alors le Créateur a voulu qu'il se détruisît lui-même par la guerre. Donc la guerre est divine.

L'analogie n'est pas applicable ici. Et quand la loi de destruction subsisterait pour les bêtes, ce qui n'est rien moins que certain, elle ne saurait atteindre l'homme, qui est le supérieur divinement établi sur les animaux. Différence radicale en dignité, en prérogatives manifestes, en autorité. Donc, avons-nous dit, différence en traitement.

Notre adversaire affirme aussi que la guerre est une loi d'expiation, faisant suite au mystère de la Rédemption. Mais la foi nous dit que l'immolation de la grande victime sur la croix, implique une satisfaction surabondante. Donc, à ce point de vue, elle n'a nul besoin d'une satisfaction supplémentaire. Donc encore, le motif est sans valeur. D'autre part, si la guerre était une expiation, elle devrait frapper la race humaine tout entière. Or le sexe qui en constitue la moitié en est affranchi. Où serait alors la justice?

Les générations, par ordre divin, doivent peupler la terre et s'y succéder; mais les collisions sanglantes qui déshonorent l'humanité et qui sont le tombeau de la jeunesse, sont diamétralement opposées au but. Le fléau infernal, en accumulant, partout où il passe, ruines sur ruines, attaque essentiellement le principe de la propriété et viole avec fureur toutes les lois fondées sur la conscience et la raison.

Il est des guerres qui ont éclaté directement contre la Religion, contre l'Eglise ; nous en avons cité quelques exemples. — Etaient-elles divines?... La réponse n'est pas douteuse.

Le système de de Maistre, sur le caractère divin de la guerre qui met Dieu en contradiction perpétuelle contre sa loi divine, serait-ce même le Dieu nature, n'est donc pas soutenable.

Donc la guerre, à part les exceptions faites en commençant, n'est pas un fait divin, mais un fait à l'actif de l'homme libre dont il est responsable. Donc, le grand Joseph de Maistre n'est pas dans le vrai.

VARIANTE
DIEU PRÉSIDANT A LA GENÈSE DE L'HOMME
SCÈNE DE FAMILLE

Tout le monde sait avec quelle précaution, avec quel tendre intérêt, Dieu préside à la genèse de l'homme. Seul, il sait les mystérieux phénomènes qui s'accomplissent dans le sein de la mère. Il est, dans les entrailles de celle-ci, un berceau, asile retiré, tiède et vivifiant, où s'élabore la formation embryonique d'un être fragile et incomplet. C'est là qu'il abrite son existence délicate et précaire. La Providence veut que rien ne puisse troubler cette éclosion précieuse au fond de ce calice. Les muscles maternels qui protègent ce travail solitaire et divin, sont épais et élastiques. De sorte que les violences extérieures sur l'abdomen, n'auront pas de contre-coup funeste à la perle précieuse qui gît déjà vivante dans cet écrin vivant.

C'est ainsi que la sagesse divine, voulant que la race humaine se développe sur terre, prévient les avortements fortuits et involontaires, tout aussi bien que les avortements volontaires et criminels de la part de certaines mères dénaturées.

Je ne parlerai pas ici des évolutions, des péripéties physiologiques du petit être inachevé, ni de la priorité de formation de tel et tel organe, ni de la place qu'il occupera dans LE TOUT merveilleux qui s'accomplit, ni du choix des éléments nutritifs que chacun de ses organes choisira pour se les assimiler. Tout cela se fait avec sagesse, sans rivalité entre tous les appareils, dont l'ensemble sympathique doit former le chef-d'œuvre qu'on appelle l'homme.

Neuf mois ont été requis pour rendre le nouvel être capable d'être immergé dans le fluide aérien, où nous respirons à la fois, hélas! la vie et la mort! Il y arrive sans force, dans une complète nudité, incapable de pourvoir à ses moindres besoins. Livré à lui-même et délaissé, il ne pourrait manquer de sombrer ; mais la Providence a tout prévu ; elle a enrichi le cœur de la mère et même celui du père, d'une voluptueuse tendresse, qui les portera l'un et l'autre, à tout sacrifier pour la conservation du fruit de leur union. Une vigilance mutuelle et de chaque instant, écartera les dangers, apaisera les besoins et favorisera l'accroissement de la jeune plante immortelle, dont l'âme la rapproche des anges. Cette vigilance coûtera des sacrifices, imposera de durs labeurs ; mais les doux vagissements du berceau en adouciront l'amertume. L'amour a le secret de merveilleuses transformations. Saint Augustin, qui s'y entendait, a dit : « L'amour qui semble être onéreux, a néanmoins ses douceurs, ou s'il a ses amertumes, ces amertumes sont douces jusqu'à la volupté. » *Ubi amatur, non laboratur, aut si laboretur, labor amatur...* » Heureuse mère ! Heureux père !...

Cependant, entre ces deux chefs, les attributions ne sont pas identiques : l'une partage son intelligente activité entre les soins intérieurs du ménage et les travaux extérieurs, et l'autre se réserve, presque exclusivement, les labeurs du dehors. Le père quittera donc souvent les douceurs du foyer pour aller aux champs, en ouvrir les sillons et les féconder de ses sueurs. Il sait qu'il faut du pain dans le clan, et que c'est à lui à le fournir au prix des plus rudes fatigues. Il se livre donc sans mesure au travail fécond de sa rustique propriété. De temps en temps, néanmoins, sa pensée le porte vers l'enfant chéri du berceau, et ce doux souvenir lui rafraîchit le cœur et rend ses fatigues plus légères.

Quant à la mère, elle veille de plus près sur le précieux trésor de son amour, en favorise l'angélique repos. Au réveil, elle le prend dans ses bras, lui demande un sourire. La bouche rose et virginale de l'enfant s'entr'ouvre pour exprimer son innocente joie... A la vue de cette tendre allégresse du berceau, la bonne mère n'y tient plus : la voilà dans toutes les ivresses de l'amour maternel ; oh ! alors, comme elle couvre son enfant de ses baisers les plus doux ! lui donne son sein, lui lâche son sang, son cœur, son amour, sa tendresse, tout... Oh ! heureuse mère, oh ! jeune enfant, continue à connaître par tes doux sourires le cœur riche et généreux de ta bonne mère!....

— « *Incipe, parve puer, risu cognoscere matrem.* »

Cependant, les longues heures des travaux s'écoulent. Le soir approche, le père laborieux se retire : scène encore délicieuse. En franchissant le seuil de sa demeure, ses regards, soucieux et empressés, se portent vers le berceau ; mais l'enfant saute et gazouille dans les bras de la mère ; celle-ci, chargée du ménage, dépose son léger fardean sur les bras du père qui le reçoit avec bonheur... L'enfant regrette le sein maternel, et suit de ses regards anxieux et enfantins le va-et-vient de la mère dans la maison ; mais le bon père cherche à détourner son attention... Oubliant les fatigues du jour, il excite ses sourires par des chansonnettes, le fait danser sur ses genoux et couvre cette figure d'ange de ses baisers virils et enflammés d'amour.

Enfin, grâce à la joviale activité de la mère, la table est dressée, le repas frugal servi. Toute la famille accourt, et sous la présidence du père, en forme bravement le siège. C'est comme une guirlande tout autour et on peut dire à cet heureux patriarche : « *Filii tui et filiæ tuæ sicut novellæ olivarum in circuitu mensæ tuæ.* » O père ! tes enfants sont l'embellissement de ta table, comme les rejetons de l'olivier font la gloire et la brillante parure du cep qui les a produits... Tout est dans la joie : des saillies heureuses, de joviales naïvetés, donnent lieu parfois à des éclats de rire intarissables... Que de bonheur et quel bonheur pur des passions qui troublent !

« *O fortunatos nimium sua si bona norint agricolas, procul discordibus armis, fundit humo facilem victum justissima tellus.* »

Mais à qui devons-nous tant de riantes félicités, si ce n'est à Dieu ? C'est lui, en effet, qui a tout disposé, qui a formé et doté les cœurs ; qui a tout conduit par sa providence et ses causes secondes. De sorte que nous pouvons dire, et à juste titre, avec Virgile : « *Hæc Deus nobis hæc otia fecit.* » Mais, hélas ! ce bonheur ne sera pas toujours sans mélange ! Un jour, les armes, instruments homicides des discordes, les tristes guerres d'Horace, *tristitia bella,* viendront troubler cette douce harmonie.

Enfin, l'enfant du foyer, dont nous venons d'admirer la genèse, a grandi : le voici à l'apogée de la taille ; l'œuvre du Créateur est achevée et le fils de la Providence est doué de toutes les aptitudes afférentes à sa nature. Le père et la mère, le voyant rayonnant de santé, témoins heureux de ses allures fières et décidées, mais contenues, savourent délicieusement le bonheur de la paternité. Ils voient en lui un appui pour leur faiblesse, une consolation dans leurs tristesses, un remplaçant, enfin, dans les péripéties de leur profession : s'ils sont dans le commerce, il tiendra le comptoir ; s'ils sont artistes, il en imitera le génie, s'ils sont laboureurs, il en fertilisera les champs et les prairies... Cent mille familles possèdent le même trésor, en sont également ravies...

Cependant un orage gronde dans le lointain... Des bruits de guerre se font entendre et un appel sinistre au nom de la loi, arrache cent mille, deux cent mille jeunes gens, sains de corps et d'esprit, aux tendres affections d'un père et d'une mère, justement alarmés, pour les enrôler sous les drapeaux.

Partez donc, jeunes phalanges, enfants d'élite, fils infortunés de familles en deuil ; partez, peut-être, hélas, pour le champ de mort ! Vous deviez compenser par votre piété filiale, par vos soins empressés, les peines et quelquefois les larmes que vous aviez coûtées à ces parents chéris ; mais l'aveugle fléau des guerres s'oppose au doux accomplissement de ce devoir.

La Providence avait veillé sur tous les jours de votre jeunesse, comme la plus tendre des mères. La destinée divine vous appelait à devenir pères, à votre tour, et voilà que les fureurs de Mars et de Bellone vous condamnent à une stérilité forcée, sinon à une mort certaine.

Cependant, le feu des batailles a ses rémittences, et les fiers potentats qui décident de la paix et de la guerre, tout en s'observant et se craignant, pourraient surseoir aux sanglantes collisions des armées, pour un temps.

Si l'art de tuer a ses attraits pour certains hommes, il a aussi ses ennuis et ses dégoûts. L'odeur de la poudre et la fumée du sang humain, provoquent des nausées. Alors donc, point de guerre, mais point de liberté. Alors, brave jeunesse, vous ne tuerez pas et ne serez pas exposée à être tuée ; mais vous ferez partie de ces armées permanentes qui ruinent les Etats par d'énormes dépenses, — fruit malheureux du défaut d'entente, du sot amour-propre, de craintes jalouses et de déplorables obstinations de la part de ceux qui gouvernent les peuples.

Que de ruineux sacrifices d'or et d'argent l'on s'épargnerait, si l'on savait et si l'on voulait s'entendre !

A propos d'armées permanentes, voici le jugement d'un savant contemporain très ardent dans les sciences :

« Voici, s'écrie-t-il, le budget annuel de la tuerie
« nationale en Europe et la niaise occupation des
« soldats casernés en temps de paix :

« Russie.	603 millions.
« Allemagne.	600 —
« France.	574 —
« Angleterre.	387 —
« Autriche.	305 —
« Italie.	213 —

« Ce sont là, ajoute-t-il, les dépenses annuelles
« du militarisme sur le pied de paix et lorsqu'on
« ne fait rien. Quand on s'écharpe, l'on se ruine et
« l'on s'extermine tout à fait, sur le prétendu champ
« d'honneur de l'humanité terrestre : et les hom-
« mes osent se dire raisonnables ! Actuellement,

« an de grâce 1883, toute la jeunesse valide de
« l'Europe, est consciencieusement occupée, du
« matin au soir, et sans une minute de répit, à
« faire l'exercice, nettoyer les fusils, frotter les
« cuirs, balayer les casernes, panser les chevaux....

« C'est dans ces nobles devoirs que les gouver-
« nements du XIX⁰ siècle, font consister l'honneur
« des nations... »

En attendant, les mères désolées, les nouvelles Rachels gémissent sur l'absence de leurs enfants chéris, les terres sont en jachères, les campagnes sommeillent à l'ombre des orties, des ronces et des épines, attendant les bras nerveux de cette jeunesse active qui devait leur donner une robe riche et fleurie : *Ipsœ te, Titire, pinus, ipsi te fontes, ipsa hœc arbusta vocabant*. (Virg.)

Proclamons-le donc hautement, la guerre, les armées permanentes sont on ne peut plus funestes à l'agriculture, au dégrèvement de la propriété, au progrès des arts et des sciences, et souverainement incompatibles avec la vraie civilisation. Non, le Dieu trois fois saint ne peut favoriser de ses sympathies des abus si criants, si opposés aux intérêts sacrés de la raison, de l'humanité et des droits innés de la justice.

Donc il faut travailler à en délivrer la pauvre race humaine. La chose est-elle possible? C'est ce qui va faire le sujet de la deuxième partie de cette brochure.

DEUXIÈME PARTIE

Nous venons de prouver surabondamment que l'exclamation emphatique du comte J. de Maistre : « *La guerre est une loi du monde; donc elle est divine* », exclamation si chaleureusement applaudie par M. l'Abbé Artige, si habilement paraphrasée par M. le vicomte Ph. d'Ussel, est sans fondement.

La guerre, alors, avons-nous dit, est absolument, à part les exceptions que nous avons faites, au début de cette brochure, le fait d'hommes libres et doués de leur autonomie. Ces hommes, pour l'ordinaire, puissants et présidant aux destinées des peuples, peuvent choisir entre deux contraires. Nulle force, pas même celle de coaction, ne peut les dépouiller de leur libre arbitre; donc, toute guerre entreprise pour le bien ou pour le mal est à leur charge.

Il s'agit de savoir, maintenant, s'il est possible, en éclairant les esprits, en modifiant l'opinion, de tarir la source des guerres et d'arrêter le torrent des maux et des crimes qu'elles versent sur notre globe. — Deux opinions sont en face : celle des pacifiques et celle des guerriers. Les premiers affirment cette possibilité; les seconds la nient. Si la guerre était divine, les pacifiques s'avoueraient vaincus ; on ne dispute pas contre Dieu : « *Quis ut Deus?* » Mais il n'en est pas ainsi, nous l'avons vu ; donc il faut encore passer au crible de la raison, les motifs et les prétendues impossibilités derrière lesquels veulent s'abriter les guerriers pour maintenir, et, si j'osais le dire, affermir l'infâme préjugé de la guerre.

Nous, hommes de paix avec le Christ et son Eglise, nous en sommes les ennemis jurés, et nous espérons que l'humanité assistera un jour, joyeuse, à ses funérailles, hélas! trop tardives. Notre espérance, sur ce point, n'est ni l'illusion, ni l'aveuglement. Nous avons dans nos rangs, le patronage de dignes représentants du bon sens, dans le passé, tels que Grotius, Bossuet, Fénelon, Henri IV, que le poignard de Ravaillac ravit à la France en pleurs, au moment où il allait réaliser l'institution d'un tribunal d'arbitrage en Europe, afin de donner, par ce moyen, une solution pacifique aux difficultés internationales.

Je pourrai honorer notre opinion du suffrage de Boileau, de La Bruyère, de J.-J. Rousseau, de Voltaire lui-même et de cent autres savants du xviie et du xviiie siècle.

Quant à présent, l'armée pacifique se recrute par milliers dans tous les rangs de la société, en Europe et en Amérique. Tous les corps savants lui fournissent d'illustres contingents. Des membres des différents corps législatifs : sénateurs, députés, lords, membres des Communes. Jusqu'à l'Allemagne, qui, pour son compte, en fournit une quarantaine. Beaucoup de professeurs de cours publics, de droit naturel, droit des gens, droit civil; de professeurs de philosophie, d'histoire; des poètes : Lamartine, Victor Hugo. M. Pasteur, le vénérable, qui épuise les forces de son admirable vieillesse en faveur de l'humanité. Ferdinand de Lesseps qui dompte la nature, étonne le monde par l'éxécution de travaux gigantesques, coupant les continents pour joindre les mers, abréger les distances et doter le commerce du monde de débouchés et de facilités inconnus jusqu'à lui. En si noble compagnie, on n'a pas à rougir et l'on est étonné qu'il se trouve des gens assez peu généreux pour lancer des lazzis et des persiflages contre des hommes d'une si haute valeur. Sans doute leur honorabilité n'en souffre pas et la cause dont ils poursuivent le triomphe n'y perd rien; car leur dévouement spontané et gratuit, au lieu de perdre en intensité, ne fait que grandir en face des obstacles. Néanmoins, cette opposition peu courtoise et peu humanitaire ne facilite pas la tâche et retarde le triomphe. On aimerait mieux la neutralité.

Rien ne les provoquait, les amis pacifiques de l'humanité, à cette entreprise ; nulle convenance, nulle nécessité ne les y obligeait. Mais la porte de leur cœur, toujours fermée aux bassesses et aux souillures de l'égoïsme, s'ouvrait large à des sentiments plus élevés. Voyant la grande famille humaine tourmentée, amoindrie, torturée par le fléau cruel et antisocial de la guerre, ils se sentirent profondément émus ; ils se demandèrent si l'homme était irrévocablement condamné à en subir les folles et horribles conséquences... S'ils ne trouveraient pas dans la raison, les principes de la justice et dans le cœur immense de l'humanité, des ressources pour aborder le monstre, malgré ses allures sauvages, et l'étreindre au milieu de ses triomphes sanglants ?

Le bon sens et la conscience leur répondirent que tout était possible à des hommes de cœur et d'une volonté bien déterminée. La sublime tâche fut entreprise, alors, presque chez toutes les nations civilisées, partout des associations se constituèrent sur la plus grande échelle. Jusqu'ici la philanthropie ne s'était traduite et révélée avec un pareil héroïsme. Ces athlètes, d'un nouveau genre, auront beaucoup à lutter : l'opinion à modifier et à gagner ; un apostolat sublime, mais des plus laborieux et des plus ardus à remplir ; des préjugés de fer à briser, des études à faire, des précautions à prendre, des ménagements à garder ; des discours à faire et à publier, des conférences à organiser pour éclairer l'opinion ; des publications, des écrits à lancer dans le public, afin d'y étouffer le mensonge et l'erreur qui le détournent de la question et en retardent la solution. Les sommités du pouvoir à intéresser dans la cause, à gagner leur bienveillance, à obtenir leur ingérence et leur coopération, condition absolue et indispensable pour l'institution d'un haut tribunal d'arbitrage « *hic opus, hic labor...* »

Quelle entreprise ! que d'obstacles amoncelés sous leurs pas ! Cette cause va absorber au moins la moitié de leur vie d'homme. Que deviendront les intérêts de la famille ? ne seront-ils pas compromis ? Les grandes énergies sauront se multiplier et suffire à tout ; les intérêts du foyer seront sauvegardés ; mais ceux de l'humanité seront toujours en première ligne. Le bien public ne doit-il pas l'emporter sur le bien privé ? Je sais que les égoïstes ne raisonnent pas ainsi ; mais je sais également que les sentiments vulgaires dont ils sont animés, les honorent peu. Enfin, il n'y a point d'emploi salarié qui demande plus de sérieuses préoccupations et plus de sueurs pour en remplir les devoirs.

A quoi visent donc ces nouveaux apôtres? est-ce aux faveurs vulgairement tant désirées de la fortune? Ils n'ont jamais eu l'âme vénale et ne se sont jamais abaissés pour mendier lâchement le moindre poste lucratif. Une honorable indépendance qui les mettait à l'abri des oppressions gouvernementales et les laissait tout entiers à leur fière et religieuse autonomie, faisait leur unique ambition. Il faut cependant le viatique de l'apostolat, et les seigneurs savants de la plume, seigneurs tout pacifiques, ne peuvent lutter contre les seigneurs du sabre qu'en donnant des ailes à leur doctrine, afin de la propager autant que possible. Arme de raison, d'humanité, de droit contre les brutalités de la force. Il faut donc de l'or! où le prendra-t-on? dans le superflu des membres riches de l'association, dans les dons privés, les épargnes sur les dépenses de luxe et même de l'utile. C'est de ces humbles fractions que se composera le budget de chaque société. Telle est la moisson dorée qu'ont en perspective les courageux amis de la paix... Rien là-dedans qui puisse donner le vertige. Ajoutons à cela la commisération ironique dont ils sont l'objet dans un certain public. « Ils
« sont à plaindre, dit-on ; ils sont victimes d'illu-
« sions déplorables ; ils rêvent des chimères et se
« laissent prendre sottement à un leurre. »

Prenez garde, Messieurs, le leurre pourrait bien

ne pas être où l'on pense. Et l'on pourrait à juste titre, appliquer à ces pleurnicheurs en apparence, le mot sanglant d'Horace à l'adresse de l'avare :
... « *Mutato nomine de te fabula narratur.* » L'avenir dira de quel côté se trouvaient le droit ou les illusions.

Oui, nous l'affirmons ici et nous avons droit de le faire, les efforts et les peines de tous genres que s'imposent les amis de la paix pour atteindre leur idéal, sont du plus parfait désintéressement. Ils n'ambitionnent que le bonheur du succès et la joie radieuse d'avoir affranchi l'humanité du monstre qui, toujours, a fait son tourment.

On a parlé de la grandeur d'âme du guerrier. « C'est le type du sublime, dit un brillant lauréat de l'académie, que de sacrifier sa vie pour son pays. Préférer la gloire à la fortune, se détacher, au moment du combat, du souci des biens terrestres et des convoitises vulgaires... tel est l'idéal du guerrier. »

Dans ce tableau rayonnant, les coups de pinceau sont dignes de l'illustre auteur qui le manie ; mais l'idéal n'est pas toujours la fidèle expression de la réalité. D'abord, on est toujours guerrier par orgueil, par ambition et par esprit de représailles ; c'est souvent dans les guerres offensives que se révèle le caractère martial du guerrier. Or, un idéal sublime ne peut guère ressortir dans toutes ces circonstances. D'un autre côté, le sacrifice de la vie pour la patrie, a toujours son prix ; mais pour s'élever jusqu'à l'héroïsme, il lui faudrait deux caractères dont il est presque toujours dépourvu : la spontanéité et le désintéressement. Or, le service militaire est presque toujours involontaire. Sur cent mille soldats appelés sous les drapeaux, c'est tout au plus s'il y en a mille de parfaitement volontaires. Quant au désintéressement, c'est comme l'amour de Dieu parfait et pour lui-même ; il est rare chez le guerrier. En premier lieu, il a l'espérance de survivre aux péripéties périlleuses des combats. En second lieu, en embrassant la carrière des armes, il espère y trouver le filon d'or et l'ivresse des gloires : ces deux caractères lui manquent donc pour arriver au degré du sublime.

Bossuet ennoblit le guerrier avec moins d'enthousiasme, mais avec plus de vérité :

« Ce fut, dit-il, après le déluge, que parurent
« ces ravageurs de provinces que l'on a nommés
« conquérants, qui, poussés par la seule gloire du
« commandement, ont exterminé tant d'innocents. »

On fait encore valoir, pour doter le guerrier du prestige de l'héroïsme, l'oubli de tous les avantages de la vie privée, dans la chaleur du combat, dans le feu de l'action. Mais dans ce moment terrible, les combattants, de part et d'autre, se livrent à des transports de fureur ; c'est le moment de sauver la vie ou de la perdre ; il faut donner la mort ou la subir, formidable dilemme. Alors, on ne songe qu'à frapper d'estoc et de taille ; et frapper en bourreau pour éviter le bourreau ; plonger la mort dans le sein de son adversaire ou la recevoir dans le sien. Dans cet état d'exaltation de toutes les énergies, par instinct de conservation de la vie, l'homme n'est plus homme, il est lion et tigre. La chose est naturelle et toute physiologique, et ne frise point le sublime. Quand le sanglier, aigri depuis de longues heures, par la meute qui l'a poursuivi, s'ennuie de courir, il s'adosse à l'arbre ou au rocher ; écumant de colère et de rage, il répond à l'attaque du dogue le plus hardi par un coup de défense qui lui ouvre les entrailles et lui donne la mort. Il a sauvé sa vie.

II

LES GLOIRES MILITAIRES

Le colonel Labédoyère, qui fut fusillé en 1815, étant aide-de-camp du maréchal Lannes, lui faisait un matin, un rapport où il peignait poétiquement les feux du fusil des tirailleurs, se mariant aux feux avant-coureurs du soleil qui allait monter sur l'horizon. Le maréchal l'arrêta dans son récit, et lui disant d'un ton sévère : « Monsieur ! c'est sous un aspect plus grave que la guerre doit être considérée. » Le jeune aide-de-camp fut atterré. Voyant son chagrin, l'illustre soldat de Montebello et d'Arcole lui dit à part : « Le tableau que que vous avez tracé tout à l'heure était beau ! Mais que voulez-vous ? ces spectacles sont achetés au prix du sang humain, et il ne faut pas s'avouer à soi-même qu'ils remuent l'âme. Le peuple ne nous accuse déjà que trop d'aimer la guerre. »

On le voit, la gloire militaire, tant recherchée, ne s'acquiert qu'au prix du sang humain, et le grand maréchal qui en avait goûté toutes les ivresses en éprouvait de terribles remords. Sur ce point, la grande voix de Bossuet jette son anathème : « L'ambition, s'écrie-t-il, s'est jouée sans aucune borne, de la vie des hommes. Ils en sont venus à ce point de s'entretuer sans se haïr ; le comble de la gloire et le plus beau de tous les arts, a été de se tuer les uns les autres. » Ce qui outrage encore plus la raison (1) ainsi que les droits sacrés de l'humanité, c'est que le prestige de la gloire militaire est toujours en raison directe de l'immensité des ruines

---

(1) M. le vicomte Ph. d'Ussel avoue dans son Essai que la guerre est condamnée par la raison, mais la raison est fille du ciel, donc la guerre n'est pas divine.

et de la barbare grandeur des massacres. Un chef d'armée, marchant contre l'ennemi, ou prétendu tel, assiègera une ville et s'en emparera sans coup férir. Le bulletin, publiant ce premier triomphe, sera pâle, n'étant pas empourpré de sang, et n'excitera dans le public ni admiration, ni sympathie et n'ajoutera pas un grain de plus à ses épaulettes.

Mais voici un engagement plus sérieux : les bataillons sont plus nombreux de part et d'autre ; la fureur de Mars les transporte ; la lutte est acharnée et se prolonge du matin au soir... enfin, la victoire se prononce en faveur de l'agresseur. Mais à quel prix ! Dix mille hommes gisent sur ce champ de mort : un riche butin enrichit le vainqueur, un grand nombre de prisonniers l'honore... Cette fois, le bulletin tragique excite partout des bravos. Et voilà une gloire déjà rayonnante...

Un mois plus tard, une nouvelle action s'engage, mais plus terrible que la dernière ; la mêlée sanglante dure trois jours... toute une contrée est couverte de ruines et de sang humain... Cent mille cadavres, jonchés les uns sur les autres, épouvantent les regards des vivants...

Cette fois le vainqueur sera parvenu à l'apogée de la gloire ! — Ainsi, tuer dans le combat deux ou trois mille hommes, ce n'est rien, vous ne vous signalerez pas. Vous en tuez vingt mille, c'est un

progrès passable. Tuez-en quarante mille, vous êtes déjà guerrier. Mais sabrer encore, exterminer trois à quatre cent mille de vos frères, alors votre gloire sera flamboyante ! Cependant, vous aurez beau faire, vos insignes honorifiques auront toujours une odeur de sang, et quand on relèvera les ruines de vos faits d'armes on vous maudira.— On ne verra jamais votre opulence sans songer que vous ne l'avez acquise que dans les entrailles palpitantes de l'humanité. Ces cris indignés d'outre-tombe pourront déplaire à de respectables honorabilités, mais je n'ai pu les refouler dans ma vieille poitrine ; du reste, ils visent plutôt à la chose qu'à la personne, et s'adressent surtout aux puissances coupables qui déchaînent le monstre vorace sur des peuples innocents. A qui le crime? disait naguère un noble et savant publiciste, à l'occasion d'une guerre malheureuse, (hélas ! elles le sont toutes). « Pauvres soldats, ils
« ont fait, eux et leurs chefs, tout le possible, et
« même l'impossible ; leurs efforts, quoique parfois
« malheureux, sont des plus honorables pour notre
« jeune armée. Aussi dans l'opinion attristée, pas
« une pensée qui ne soit toute de reconnaissance,
« d'admiration et de compassion pour ceux qui
« se battent, souffrent et meurent dans les luttes
« fratricides des belligérants. Non, certes, ce n'est
« pas à eux que l'on s'en prend. »

Le crime est à ceux qui, sur l'offensive, et sans

motifs puisés dans la justice et l'intérêt public, engagent capricieusement des expéditions risquées. Le crime est à ceux qui, ayant pu donner au conflit, où s'est allumé le feu de la guerre, une solution pacifique, ont décliné l'occasion de le faire, voulant produire du fracas et se donner la célébrité de conquérants ; égoïsme déplorable et cruel ! Le crime est aussi à ceux qui, de près ou de loin, poussent et applaudissent les agresseurs dans leurs déterminations folles et homicides.

Quand viendront-ils les jours où les peuples, comprenant leurs vrais intérêts, feront de sages, mais énergiques représentations à leurs gouvernants ? — Les guerres ne se font qu'aux dépens des masses. Ce sont elles qui en paient le tribut de l'or et du sang. Comme tels, les gouvernements ne possèdent rien ; ils sont les premiers indigents de l'Etat. Si leurs coffres sont pleins, c'est le peuple qui vide ses poches pour les remplir, et cela est juste. — Rendons à César ce qui est à César. Mais ce devoir accompli, le peuple a droit de contrôle sur l'emploi de son or et, surtout, il a droit de dire qu'il n'entend pas qu'il soit dépensé dans des guerres de bon plaisir, pour y faire égorger ses fils !!!

L'on dit que les guerres sont nécessaires pour entretenir chez les peuples le courage et l'énergie. Sans cet élément convulsif, ils tomberaient dans un état d'inertie et de dépérissement moral. Si la guerre était le seul ressort qui pût mettre en jeu les facultés physiques et morales des nations, je dirais : peut-être... Mais les sciences, les lettres, l'agriculture, la passion du progrès dans le domaine des vastes connaissances humaines, ne tiennent-elles pas dans une activité incessante les forces du corps et de l'esprit !... La guerre n'est donc pas indispensable à la véritable grandeur des nations.

IV

Peut-on creuser un tombeau au fléau de la guerre ? En d'autres termes, étouffer l'hydre aux cent têtes ? Nous répondons affirmativement.

L'humanité est immergée, depuis plusieurs milliers de siècles, dans ce quelque chose d'indéfinissable que nous appelons le Temps. Dans sa traversée accidentelle et bornée, à travers ce mystérieux infini elle a subi et subira très-probablement encore de profondes modifications, dans son existence morale surtout. Je ne parlerai pas de la période antédiluvienne. — Passons aux temps postérieurs à ce terrible cataclysme ; abordons la grande et triste époque de l'idolâtrie ; c'est le règne de la théologie mythologique, faisceau d'idées disparates, de mensonges et de vérités, de raison et d'insanité, d'immoralités cyniques et de vertus héroïques. Eh bien ! ce courant d'idées a fait son chemin durant des siècles. L'imbécillité de tout diviniser avait peuplé l'univers de dieux, de déesses ou de demi-dieux. Le culte religieux était en raison de la nature des dieux et ne lui cédait rien en fait d'absurde. Cependant tout passait sans la moindre réclamation. — Croire aux plus stupides superstitions, était une mode. — Il a fallu des siècles pour culbuter ces préjugés insensés, toute la radieuse puissance de l'Evangile et les efforts héroïques des apôtres et de leurs successeurs, pour en avoir raison.

Autre courant d'idées absurdes : l'esclavage, avec toutes ses aberrations, sa tyrannie, sa cruelle brutalité, son ignoble commerce des trois quarts des hommes par l'autre quart, ses foires, ses ventes, ses trafics honteux, des populations faibles, par une infime minorité ; cet état de dégradation du peuple, maintenu par l'autorité et habilement exploité par quelques riches ; cet autre courant, dis-je, a fait son chemin, sans encombre, durant des siècles.

Cependant l'Evangile et l'Eglise qui ont fait rayonner partout les sublimes vérités, en ont brisé les lourdes chaînes.

L'humanité presqu'entière, cette grande victime

de cet infâme préjugé, si tristement courbée sous la tyrannie des grands, put alors relever la tête et jouir, comme ses maîtres, de sa place au soleil. Eh bien ! il en sera ainsi de la guerre ; l'hydre aux cent têtes tombera, non sous les coups de la massue d'Hercule, mais sous les dégoûts de nouvelles sociétés qui, mieux éclairées et plus heureuses que nous, sur les injustices et les sauvageries du monstre, finiront par l'étouffer.

V

Mais on nous dit : Vous voulez arriver à l'extinction du fléau par la paix universelle. Rêve décevant, illusion complète... Vous n'atteindrez jamais à ce riant idéal.

Bossuet qui n'a guère jamais été le jeu de l'illusion, n'est pas tout à fait de l'avis de nos contradicteurs. Voici comment il s'exprime dans l'un de ses sermons sur la réconciliation. Après avoir parlé de l'ardeur et des pressantes exhortations avec lesquelles le Christ ordonne aux hommes de s'aimer entre eux et de se faire du bien, ce grand Évêque continue ainsi : « Il voyait avec quelle fureur les hommes s'arment contre leurs semblables. Que des haines furieuses et des aversions implacables divisent les peuples et les nations ; que parce que nous sommes séparés par quelques fleuves ou par quelques montagnes, nous semblons avoir oublié que nous avons la même nature, ce qui excite parmi nous des guerres et des dissensions immortelles avec une horrible désolation et une effusion cruelle de sang humain. Pour calmer ces mouvements farouches et inhumains, Jésus nous ramène à notre origine. Il tâche de réveiller en nos âmes ce sentiment de tendre compassion que la nature nous donne pour tous nos semblables, quand nous les voyons affligés. Par où il nous fait voir, qu'un homme ne peut être étranger à un homme, que si nous n'avions perverti les inclinations naturelles, il nous serait aisé de sentir que nous nous touchons de bien près. Il nous enseigne que devant Dieu, il n'y a ni barbare, ni Romain, ni Grec, ni Scythe. Et fortifiant les sentiments de la nature par des considérations plus pressantes, il nous apprend que nous avons tous une même cité dans le ciel, et une même société sur la terre et que nous sommes tous ensemble une même nation et un même peuple, que nous devons vivre dans les mêmes mœurs, selon l'Evangile et sous un même monarque qui est Dieu, et sous un même législateur qui est Jésus-Christ... »

« Doctrine de l'Evangile, s'écrie plus loin le grand

docteur, qui ferait régner parmi nous une paix si tranquille et si assurée, si peu que nous la voulussions écouter ! Qui ne désirerait qu'elle fût reçue par toute la terre, avec les applaudissements qu'elle mérite ! »

Il résulte de cet article que les nations, réunies, ne doivent faire qu'un grand peuple ; que les hommes sont frères et égaux entre eux, qu'ils doivent vivre en paix. Voilà bien, ce me semble, la paix universelle. Mais Jésus-Christ, mais ses représentants sur terre seraient insensés de prêcher l'impossible et même de le désirer. Dans cas, nous, pacificateurs, nous partagerions la folie du Christ. — Nous n'attendons pas l'établissement subit de la paix dans le monde, nous savons qu'un coup d'Etat ne peut pas opérer ce miracle ; nous espérons persuader, avec le temps et la patience, les peuples, et ceux qui les gouvernent, de la nécessité d'arriver, pour le bonheur de tous, à cette heureuse solution. On commencera par l'Europe, le continent le plus petit de la terre ; on y établira un grand conseil d'arbitrage, et les conflits internationaux seront soumis à cette haute juridiction, qui par sa décision préviendra des luttes sanglantes, fratricides et ruineuses. Ensuite, l'exemple sera contagieux, et les mêmes mesures se généraliseront de proche en proche, sur les autres continents. C'est ainsi, qu'avec le temps et la persévérance, on poussera l'infâme préjugé jusqu'à ses derniers retranchements et c'est ainsi qu'on le détruira.

Pourquoi ne ferait-on pas en grand, ce que l'on fait en petit ? On divise un État en provinces, en départements, en arrondissements et en cantons. Chaque canton a un prétoire et le juge de paix termine pacifiquement les difficultés qui surgissent entre les habitants de chaque commune de ce canton. Il en est de même de l'arrondissement qui possède un tribunal de première instance, lequel résout les affaires plus importantes, ayant échappé à la compétence du juge de paix. Enfin, les cours d'appel qui contrôlent les jugements des tribunaux et prononcent, à peu près toujours, en dernier ressort. Par dessus cette juridiction suprême, pour plus amples garanties, il y a enfin la cour de cassation, établie à Paris pour la révision des procès jugés par les cours d'appel et dans lesquelles les formes légales n'auraient pas été observées. — Ces mesures si prudentes et si sages, enrayent les chicanes, éteignent les procès, empêchent les violences entre particuliers, violences qui se traduiraient souvent par des voies de fait et par le meurtre.

Pourquoi les États de l'Europe ne s'entendraient-ils pas afin d'établir une cour d'arbitrage qui résoudrait leurs différends sans la poudre et le canon et sans accumuler les ruines et verser des fleuves de sang ? Ne peuvent-ils pas, encore une fois, faire en grand ce qu'ils font en petit, chacun dans son gouvernement respectif ? — Jésus-Christ n'a-t-il pas dit qu'il n'y aurait qu'un seul troupeau et qu'un seul pasteur ? n'a-t-il pas réalisé cette politique sacrée, par l'institution de son Eglise qui enlace le monde, qui ne connaît ni bornes ni frontières, qui embrasse tous les peuples sous ses tentes immenses, qui fait rayonner à leurs yeux la même doctrine, qui épure leurs mœurs par les mêmes règles de morale, qui les réchauffe des feux de son amour et de sa tendresse, leur enseignant qu'ils sont deux fois frères, et comme hommes et comme chrétiens, qu'en conséquence, ils doivent ouvrir leurs cœurs aux douces émotions de la fraternité et jamais aux sauvages emportements de la haine. Eh bien ! ce royaume, à la fois spirituel et terrestre, n'est pas composé de natures angéliques et impeccables, mais d'hommes, de citoyens cosmopolites, sujets à toutes les aberrations de l'ignorance, à toutes les folies de l'orgueil, à toutes les hontes des passions. De sorte que cette mère de la grande famille humaine, aux entrailles chastes et enflammées d'amour, comprime de son mieux tous les vices, afin de préserver de leur venin ses enfants chéris et de les mettre à l'abri de l'erreur.

Si, dans les discussions scientifiques, sous le vaste dôme de son ciel serein, les esprits s'enflamment, s'il survient des luttes passionnées, faisant jaillir çà et là, des étincelles incendiaires, s'il apparaît sous certaines zones des nuages, précurseurs de la tempête, elle fait entendre sa voix de mère : Paix sur la terre, s'écrie-t-elle, aux savants et aux ignorants, à tous les hommes de bonne volonté... Discutez, mais sagement ; dans les principes et les vérités immuables et nécessaires, accord et unité ; dans les questions obscures et douteuses, liberté, mais en tout, humilité, paix et charité : « *In necessariis, unitas ; in dubiis, libertas ; in omnibus, charitas.* — Presque toujours cette voix solennelle et conciliante prévient les incendies et les orages.

Mais si parmi les contendants, il se rencontre des têtes ardentes, en proie au vertige de l'orgueil, refusant de mettre bas les armes, elle convoque ses assises : tantôt c'est un concile provincial, tantôt un concile national, enfin, un concile général, représentant le corps enseignant de l'Eglise universelle. — C'est là le grand tribunal d'arbitrage, grand faisceau de science et de lumières, où les questions en litige sont passées au crible de la plus sévère critique, au milieu de débats contradictoires, dans la plus ample liberté. C'est dans ce travail sérieux, à la fois ardent et calme, d'intelligences d'élite, que les artifices de l'erreur sont mis à nu et qu'on voit tomber honteusement le masque de la mauvaise foi. C'est alors que la vérité, dégagée de tout alliage, sort triomphante du creuset, radieuse et immaculée.

La cause est jugée, la paix est faite ; pas une goutte de sang versée. Que les gouvernements européens imitent l'Eglise ; qu'ils établissent un grand tribunal d'arbitrage, il faut toujours en venir là, représentant le concile œcuménique, pour trancher, pacifiquement, les conflits internationaux, et la paix règnera, et l'on cessera d'ouvrir les artères de l'humanité et de la jeter dans un état déplorable d'anémie et de honte.

VI

Le parti belliqueux, sympathisant par le cœur ou par intérêt avec l'infâme préjugé de la guerre, répond aux pacifiques : « Vos efforts sont vains ; vous n'aboutirez pas : la guerre a toujours agité les peuples, elle les tourmentera toujours. »

Nous admettons la première partie de cette affirmation, à peu d'exceptions près ; mais la seconde, nous la nions formellement. En effet, de ce que la science barbare des combats a presque toujours été pratiquée dès l'origine des peuples, il ne s'ensuit nullement qu'il doive toujours en être ainsi. La guerre est un préjugé stupide et cruel, nous l'avons dit cent fois et nous ne saurions assez le répéter, consacré par l'ignorance et la bêtise des peuples qui ne se rendent, hélas! compte de rien, qui ne vont jamais au fond des choses et qui se laissent exploiter, sous ce rapport, par les sommités sociales ; s'ils sont éclairés par les amis sincères de leurs vrais intérêts, les ténèbres des préjugés se dissiperont et ils auront la conscience de leurs droits ; ils comprendront alors, que s'ils doivent leur sang à la défense de la patrie, ils sauront aussi qu'ils ne doivent pas servir de chair à canon à d'infâmes conquérants, qui n'entreprennent les guerres que sur des motifs frivoles ou que pour obéir à l'excitation d'un orgueil insensé ou d'une ambition outrée. Alors ils aviseront, et les potentats se verront obligés de compter avec eux. Ceux-là pourront leur dire : Vous êtes une minorité infime, et nous sommes le nombre et la force. Appelés à nous gouverner, que votre autorité soit légère, juste et paternelle ; point de tyrannie, point de guerre offensive, de caprice et de fantaisie, contre les peuples voisins ou lointains qui sont nos frères. Si le vertige des conquêtes vous pousse vers cet idéal sanglant, vous abusez des droits du sceptre et dans ce cas fantaisiste, nous vous refusons obéissance. Vous voulez faire du fracas pour que votre existence ait du retentissement dans le présent et trouve de l'écho dans l'avenir ; vos généraux belliqueux sont un peu comme vous, sensibles à la gloire ; le brillant des épaulettes n'est pas sans attrait pour eux. Nous avouons que le frémissement de ces chenilles d'or sur les épaules doit être chatouilleux ; nous avouons qu'il est beau d'avoir la poitrine émaillée de décorations; mais cette toilette éblouissante coûte cher. — Elle coûte de l'or et du sang ! Où se prend l'or ? dans nos poches; où, le sang ? dans nos veines ?... Oh non ! nous ne plaindrions pas ce double tribut s'il s'agissait de repousser d'injustes agressions contre la patrie... Dans ce cas, tous les sacrifices nous seraient doux, mais donner notre or, notre sang, notre vie, tout ce que nous avons de plus précieux, pour des égoïstes orgueilleux, pour des ambitieux infatués de vaine gloire, jamais ! Frères pacifiques ; entendons-nous, serrons nos rangs.

De pareilles réflexions n'arriveraient pas sans fruit aux oreilles des politiciens, placés au haut de l'échelle sociale. La lumière, alors, rayonnerait en haut et en bas, alors les rois et les peuples s'entendraient, et l'olivier et le laurier croîtraient ensemble sans se nuire. N'y ayant plus de guerre offensive, la guerre défensive n'aurait plus de raison d'être. — Que la lumière se fasse donc et, quand on y verra clair, dans tous les rangs de la société, tous les intérêts seront compris et sauvegardés ; les sanglots de l'humanité apaisés, l'hydre de la guerre étouffée.

— Belle théorie sur le papier, mais changer ce beau rêve en réalité, impossible, ajoutent nos contradicteurs.

Nous répondons : Le fléau de la guerre n'est qu'un fatal préjugé, à l'instar de l'idolâtrie et de l'esclavage. Ses racines dans le sol de la société, ne sont ni plus profondes ni plus tenaces. Cependant l'esclavage et l'idolâtrie ont cédé l'un et l'autre au sublime éclair de la raison, à l'action énergique et incessante de la civilisation, et à la douce influence de l'Evangile qui a décidé de la victoire, — L'idolâtrie, cet amas stupide de toutes les aberrations, cette prostitution vertigineuse de l'humanité, à tous les vices, à toutes les laideurs, à toute créature immonde ; cette adoration sacrilège de tous les objets les plus inconscients et les plus vils ; l'idolâtrie, dis-je, est morte de ses propres blessures dans le combat. La résistance a été vive, longue et opiniâtre ; mais enfin le vrai l'a emporté sur le mensonge et l'absurde, et la radieuse vertu, sur le vice. L'idolâtrie est tombée : trois siècles de luttes en ont vu la fin.

L'esclavage, attaqué simultanément et avec les mêmes armes, s'est affaissé sous les mêmes coups, et malgré la soif de l'or, « *l'auri sacra fames* » de ses patrons. — L'on sait que la fortune des riches, sous le paganisme, consistait dans la possession d'un grand nombre d'esclaves. Un Romain, Caïus-Cæcilius-

Isidorùs, déclara, par son testament, que, quoiqu'il eût perdu beaucoup durant la guerre civile, il laissait cependant à ses héritiers quatre mille cent seize esclaves. Ainsi des autres, à Rome et en Grèce. Aussi, étaient-ce les riches qui s'opposaient surtout avec fureur, à l'abolition de l'esclavage, néanmoins la liberté triompha du monstre, et les esclaves ont cessé d'être regardés comme des citoyens bâtards. Une sainte et radicale égalité, dans la mesure du possible, a pulvérisé leurs chaînes.

Il en sera ainsi de la guerre. — Jamais cet infâme préjugé ne fut attaqué aussi sérieusement que depuis quelques années : plus de vingt sociétés se sont constituées en Europe et en Amérique, ayant toutes les mêmes visées, concentrant leurs efforts communs et dirigeant leurs coups contre le même ennemi. Et le signal de cette sainte et énergique conspiration n'est pas venu du peuple qui, cependant, subit toutes les ruines au milieu des fureurs et des sauvages dévastations des guerres et qui fournit le plus de victimes au vampire, mais bien au sein du grand monde, où brillent tous les éléments des sciences, des nobles et grandes idées qui honorent les nations et contribuent à leur grandeur. Ici, ce sont de savants juristes, des professeurs de cours publics, dans toutes les facultés ; là des philosophes profonds et amis de l'humanité ; ailleurs des économistes érudits et éloquents, des législateurs de toutes les nations civilisées ; des ministres d'Etat, des diplomates ; des membres de l'Institut, des académiciens, pour ne parler que de la France, et, enfin, d'hommes illustres dans tous les genres, tels que M. Pasteur qui couronne les jours précieux de sa vieillesse par de savantes et laborieuses investigations, afin d'épargner à la race humaine de cruelles maladies, ou de l'en guérir si elle en est atteinte, qui, enfin, si j'ose le dire, est passionné contre tous les éléments funestes au bonheur de l'homme, jusqu'à être enragé contre la rage !...

Votre nom, à jamais chéri, ô vénérable vieillard, est devenu immortel et toutes les nations civilisées vous paient déjà, à l'envi, un tribut d'admiration, de respect, de profonde reconnaissance ! — L'Angleterre, il n'y a pas longtemps, en a donné la preuve par les retentissantes et glorieuses ovations au milieu desquelles elle vous a reçu dans sa capitale. La France l'en remercie ; car vous êtes l'un des rayons les plus brillants de ses gloires.

Vous aussi, par votre généreux concours, vous honorez l'apostolat de la paix, Ferdinand de Lesseps : votre nom, à jamais illustre, est en grand honneur dans toutes les cours de l'Europe, ainsi que dans le Nouveau-Monde. — La France vous doit d'immortels souvenirs, pour vos grandes idées, vos larges conceptions, et le commerce du monde, une apothéose. — Vous changez les lignes courbes en lignes droites. Vous unissez les mers intérieures aux océans. Vous brisez les digues de la nature pour frayer des voies inconnues jusqu'à vous à l'impatiente activité commerciale. Vous lui abrégez le temps, vous économisez son or. Vous apportez à ses durs labeurs un allègement que nulle génération, jusqu'ici, n'avait su lui procurer. C'est ce qui s'appelle faire à l'humanité, en grand, le plus grand bien. Votre conduite si richement caractérisée est l'impitoyable et juste condamnation de l'odieux égoïsme de tant de petites gens.

Eh bien! les merveilles que le génie viril des savants réalise dans le monde physique, se réaliseront dans le monde moral. Ils viendront les jours où les hommes de valeur chercheront la gloire ailleurs que dans le sang de leurs frères! Les lauriers cueillis dans les arts libéraux ne valent-il pas les lauriers moissonnés sur les champs de mort? — Cependant, les héros de la science ne s'immortalisent pas en faisant du mal à l'humanité, mais en lui faisant le plus de bien possible. — La gloire militaire coûte la vie, la gloire de la science la protège, la conserve et l'enrichit d'un bien-être et d'une brillante prospérité incontestable, que la guerre compromet toujours. La gloire de Newton, de Képler, de Franklin et de mille autres savants, ne pâlira jamais en face de celle des guerriers qui coûte si cher.

Illustrez-vous donc dans les arts, dans les sciences, le commerce et l'agriculture, et vous grossirez le nombre des bienfaiteurs de l'humanité, sans que votre renommée en souffre.

VII

Ne dites pas que les guerres sont nécessaires pour empêcher les nations de s'énerver ; qu'il en faut, pour nourrir en elles cet esprit viril et guerrier qui les préserve de tomber dans le marasme et la mollesse, préludes de la décadence. Je l'ai déjà dit plus haut, cette affirmation n'est nullement justifiée. Le courage existe naturellement dans l'homme, et quoique, le plus souvent, à l'état latent il fait explosion dans les circonstances qui le provoquent, comme l'étincelle du caillou jaillit par le choc. En temps de paix, les hommes bien trempés ne dégénèrent jamais, et chez eux, ni l'intelligence ni le courage ne s'atrophient. Vienne l'occasion ; l'intelligence, alors, rayonne dans son horizon et le courage déploie ses énergies : de là le vieux proverbe universel : Les occasions font les grands hommes. L'Egypte, selon plusieurs auteurs, vécut dix-sept siècles, et selon Bossuet, seulement treize cents ans, sous le doux empire de la paix. Et cependant, ce peuple étonnant devient le modèle de l'antiquité, C'est dans son sein que brillent les sciences et les arts. C'est à la clarté de ce foyer incandescent que les nations voisines vont s'éclairer. — Les Grecs, les Romains, ayant épuisé le trésor des lumières et de l'érudition de leur patrie, ne sont satisfaits que lorsqu'ils ont fait un séjour en Egypte, pour y trouver le brevet complémentaire de leur éducation sociale et scientifique. On n'était réputé savant que lorsqu'on avait exploré les nombreux manuscrits de la riche bibliothèque d'Alexandrie, ce foyer des sciences sauvagement éteint par le guerrier farouche Omar. Encore là un fruit de guerre ! — C'est sous l'empire de cette longue paix que jaillirent ces monuments que l'univers admire, sans pouvoir les imiter ; ce lac de Mœris ; ce palais aux cent portes, ces sphinx, ces colosses, ces obélisques arrachés à la nature, et, enfin, ces pyramides, autant de merveilles qui attirent chaque année des pèlerinages de savants et qui sont un orgueilleux défi au progrès moderne de la science. La paix de tant de siècles n'avait donc pas abaissé la race égyptienne. Vint ensuite l'occasion, et Sésostris conquérant sortit de cette paix profonde et séculaire, tout armé, comme Minerve, du cerveau de Jupiter. L'Egypte, dit Bossuet, aimait la paix parce qu'elle aimait la justice ; elle n'avait de soldats que pour sa défense. Contente de son pays, où tout abondait, elle ne songeait point aux conquêtes ; elle s'étendait d'une autre sorte en ses colonies, par toute la terre, et, avec elle, la politesse et les lois. L'Egypte régnait par ses conseils. Et cet empire d'esprit lui parut plus noble et plus glorieux que celui qu'on établit par les armes. — La guerre n'est donc pas indispensable à la vraie grandeur des nations et l'état de paix ne saurait nuire à leur gloire.

Voyez Carthage, la reine des mers, cette opulente cité qui règne en souveraine sur les flots ; qui brave les tempêtes et donne un essor général au commerce. — Toujours en paix, jamais de guerres. Ce calme pacifique l'aurait-il énervée ? La sève guerrière sera-t-elle tarie dans ses veines ? Ah non ! Vienne la trop funeste et trop longue période des guerres puniques, et ce peuple novice comme un enfant dans les armes, enfantera, néanmoins, des héros, et Annibal abaissera l'insolente fierté romaine, détruira son prestige à Cannes et fera trembler la rivale de Carthage. — La paix laissa donc à ce peuple, moins faible que malheureux, dans cette lutte désespérée de part et d'autre, et son énergie et son courage. — N'abritez donc pas votre opinion belliqueuse sous cet égide trompeur. Non, la paix n'abaisse pas et n'énerve pas les peuples. Non, elle ne les dépouille ni de leur prestige, ni de leur grandeur.

L'Angleterre, nous l'avons déjà dit, se trouve

rarement impliquée dans les guerres européennes ; elle ne prend les armes que pour se maintenir et s'agrandir dans ses colonies lointaines, et ces luttes, en général peu sérieuses, sont plutôt des escarmouches que des combats. — Elle n'entretient, affirme-t-on, qu'une armée de 200,000 hommes. Cependant, on ne s'aperçoit pas qu'elle soit en voie de décadence ; elle conserve toujours, au contraire, le prestige de sa grandeur en se maintenant toujours à la tête des nations civilisées. — Elle étonne le monde entier, par la richesse et la splendeur de son commerce. La paix dont elle jouit, au lieu de nuire à sa prospérité, la favorise : Chez elle, point d'abaissement, mais plutôt une noble fierté. Elle donne donc un démenti formel, par le fait, à la théorie intéressée, de M. de Molke et de ses partisans.

La Belgique vit paisiblement depuis cinquante ans. A la faveur de cette attitude pacifique, elle a grandi, en considération, aux yeux des autres puissances ; à tel point, qu'on la prend pour arbitre dans les conflits internationaux. D'autre part, elle occupe une place des plus honorables parmi elles, sous le rapport du progrès dans les sciences, dans les arts et dans la civilisation. Son commerce est des plus florissants, et les améliorations judicieuses qu'elle obtient en matière d'agriculture, ajoutent considérablement à sa fortune. Puis, elle est au pair dans ses finances, et son passif ne franchit pas scandaleusement son actif, comme chez plusieurs de ses voisins. Mais à quoi doit-elle cet état de prospérité, si ce n'est aux bienfaits inappréciables de la paix ? Cependant, hélas ! un esprit de discorde a soufflé dans les rangs de ce bon peuple. Du sein ténébreux de sociétés irréligieuses, sont sorties des vapeurs délétères qui obscurcissent et troublent, momentanément, la sérénité de cette douce atmosphère. Un parti méchant, égoïste et jaloux, veut bien que le pouvoir de gouverner jaillisse du suffrage populaire, mais à condition que ce sera toujours en sa faveur. S'il fait passer le sceptre autoritaire en d'autres mains, il a des crises épileptiques, il écume de rage. Et ce parti de la fureur ne se recrute pas seulement en Belgique, mais encore chez les peuples voisins, chez lesquels surabondent les ennemis de l'ordre, favorisant ces frémissements révolutionnaires.

Espérons que dans ce trouble passager, la justice et le bon sens prévaudront et que cette surexcitation malencontreuse n'aura pas de suite (1).

VIII

Un journal sérieux, l'*Union*, qui a voulu s'en-

---
(1) Ces réflexions s'écrivent le 2 décembre 1884.

sevelir héroïquement dans la tombe du comte de Chambord, s'exprimait ainsi au mois de mai 1868 : « L'immense majorité des esprits en France, et c'est la partie la plus saine, désire ardemment le règne de la paix. » Si cette affirmation était fondée alors, elle l'est bien autrement aujourd'hui, non seulement pour ce qui regarde la France, mais encore pour ce qui regarde l'Europe et l'Amérique. Sous cet immense horizon, dans les classes inférieures de la société, il n'y a d'aspirations que pour la paix ; le fait est aussi notoire que général. — Si nous en exceptons les ouvriers employés dans les manufactures d'armes, dans la confection de certains engins destructeurs, nulle part, vous n'entendrez partir le cri de guerre des rangs du peuple. La passion des foules de nos jours n'a qu'un but, le bien-être et la tranquillité. — Plus de guerres offensives et provoquées à l'étourdie. L'or et le sang des peuples ne sont plus pondérables au profit de l'intrigue et de l'ambition. Le tapage bruyant excité en France par la guerre de la Chine est une preuve péremptoire de cette disposition des esprits. Le peuple réserve son courage et ses énergies pour les dépenser en temps et lieux, au profit de la justice et de la patrie injustement et gravement offensée. Autrement, les agressions personnellement intéressées contre des peuples inoffensifs, il les abhorre.

Quant aux classes élevées, à part quelques partisans plus ou moins intéressés du militarisme, toutes préfèrent la paix à la guerre : toutes gémissent sur les résultats sauvages des batailles. Seulement, on serait en droit de leur faire un reproche, celui de ne pas combattre et par la parole et par la plume, le fatal préjugé dont elles déplorent les cruelles et lamentables conséquences. — Dans cette haute et radicale question, qui tient de si près à la vraie civilisation et au bonheur de l'humanité, personne n'a droit de se désintéresser — il ne faut donc pas s'en tenir à des regrets stériles, il faut agir :

« La foi qui n'agit point, est-ce une foi sincère ? »

Les amis de la guerre craindraient-ils, en joignant leurs vœux et leurs efforts à ceux des amis de la paix, de jouer un rôle trivial et d'amoindrir leur considération aux yeux du public ? Quoi donc, le rôle de médecin se dévouant au salut de ses clients, en temps de maladies contagieuses, s'exposant à s'inoculer le virus mortel qui multiplie les victimes jour et nuit, cessera d'être glorieux ! Non, le dévouement pénible et onéreux au bonheur de ses frères, même quand il n'est pas couronné de succès, sera toujours une vertu de premier ordre et un titre puissant à l'admiration et à la reconnaissance du public. Un chancre corrosif est attaché au flanc de l'humanité, la guerre ; les pacifiques s'efforcent de l'en guérir ; ce rôle n'est-il pas plus noble que celui de l'irriter et de l'entretenir ! Il sera toujours plus beau, même en se trompant, de travailler à la destruction de la cause humiliante des maux de tous genres qui pèsent sur les hommes que de travailler à la perpétuer. Aussi les pacifiques, dédaignant les dédains dont ils peuvent être l'objet, ne tenant compte ni des obstacles, ni des peines inhérents à l'accomplissement de leur rude mais sublime tâche, marchent-ils hardiment et avec courage, à la conquête de la paix pour le monde. — Ils arriveront...

Depuis déjà longtemps, ils voient venir à eux de hautes personnalités qui non seulement les approuvent, mais se mettent également de la partie. O vous, qui jusqu'ici, par votre polémique téméraire et funeste avez appuyé la cause de la guerre et du sang, qui avez autant que possible émoussé les flèches que les pacifiques lançaient contre le monstre, changez de rôle ; imitez ces personnalités généreuses et hardies qui se font un honneur de seconder les efforts des vaillantes sociétés de la paix. Ces héroïques sociétés appellent votre concours, vous ouvrent leurs rangs. Il ne s'agit pas dans la noble mission qu'elles se donnent, de rechercher les faveurs de la fortune ; ce sont les intérêts sacrés de l'humanité qui les touchent et font battre leurs cœurs fiers et généreux. Faire du bien, et un bien durable à tous les hommes ici-bas, leur faire un sort moins tourmenté, frapper à mort les lois de mort; la guerre, voilà leur ambition.

Cependant, il faut l'avouer, si le parti de la paix s'enrichit du concours des plus hautes notabilités, il est des intelligences remarquables qui sont des phénomènes de contradiction. Chez ces natures d'élite, sous bien des rapports, l'esprit n'est pas d'accord avec le cœur. Le cœur chez elles se révolte et s'indigne à la vue des atrocités des champs de bataille, des injustices qui s'y consomment, des ruines qui s'y accumulent ; et néanmoins, séduites par l'épopée de la vie des nations guerrières, dans le passé, par le prestige de leurs luttes tragiques et solennelles, par le rôle héroïque de certains chefs enivrés de gloire, de certains conquérants qui ont agité et troublé le monde, ces intelligences, dis-je, aimant le merveilleux dans l'histoire, ont peu de sympathie pour le calme et la paix. — Elles se figurent que des tressaillements périodiques sanglants, inhumains sont nécessaires aux peuples pour leur santé morale. Quelle illusion ! Alors, que font-elles ? Au lieu de travailler à la ruine de l'infâme préjugé, elles cherchent à l'affermir, à en perpétuer l'existence et les abus par toutes les ressources de leurs talents. Telle est l'attitude de certains esprits, très convenables d'ailleurs, mais éblouis jusqu'au vertige de la fausse gloire du militarisme. — Ils vont rarement à la racine des choses, ils ne songent pas que le fléau les enveloppe dans ses aveugles fureurs ! — O mes amis, cessez de soutenir cet ennemi commun qui tourmente et meurtrit si cruellement la race humaine. Cessez de diriger vos saillies moqueuses contre les esprits éminents qui travaillent avec tant d'ardeur à en délivrer le monde.

Souvenez-vous que les traits acérés que vous lancez contre eux font leur ricochet contre vous-mêmes, car votre cœur est l'une des fibres vivantes du cœur immense de l'humanité.

Maintenant, qu'adviendra-t-il sur la question saisissante de l'arbitrage, de la guerre et de la paix ? L'avenir, qui nous ménage tant de surprises, quelle solution donnera-t-il à l'antagonisme si animé des pacifiques et des guerriers ?

Nous pensons d'abord que l'opinion publique sur l'appât séduisant des conquêtes s'est profondément modifiée, et tend d'une manière sensible vers l'apaisement. La justice et l'humanité reprennent sensiblement leurs droits sur la force aveugle et brutale. De nos jours, les préposés à la destinée des peuples, penchent évidemment vers la paix. Les uns, confus de leurs orgueilleuses et téméraires agressions contre des peuples lointains et inoffensifs reviennent de leurs criminelles erreurs et se retirent rougissant de leurs bévues.

Les autres, déjà prêts à une conflagration générale, hésitent épouvantés en face de l'opinion et de l'effrayant tableau des hécatombes sanglantes et des ruines de tout genre, suites lamentables et nécessaires des combats. Partout, dans ce moment, les épées qui flamboyaient déjà sous les feux du soleil, prêtes à faire jaillir le sang, rentrent dans le fourreau. Témoin, l'Angleterre en Égypte, la France au Tonkin, l'Angleterre encore et la Russie en Afghanistan. On a recouru à l'arbitrage ; paix sur toute la ligne. La froide raison et la conscience parlent plus haut que l'enthousiasme fougueux et irréfléchi. Ce qui fortifie encore l'espérance du triomphe du droit sur la force, et d'une paix à peu près générale, ce sont les sociétés pacifiques organisées partout dans l'ancien et le nouveau continent. Dans tous les États civilisés, ces associations font rayonner des hommes enflammés du désir de faire à l'humanité le plus grand bien possible. Elles ont entrepris une noble et sainte croisade, elles ne capituleront pas, et dans un avenir plus ou moins prochain, la victoire qui leur sourit déjà, couronnera leurs généreux efforts.

D'un autre côté, nous assistons de nos jours à un ébranlement social. La société tout entière est dans les douleurs de l'enfantement, et la démocratie qui tient le haut du pavé, n'est pas du côté des ravageurs de provinces. Elle comprend que le poids le plus lourd des sacrifices qu'impose la guerre, pèse sur elle, et au milieu des évolutions sociales déjà frémissantes, qui agitent le monde, elle fera pencher la balance du côté de l'arbitrage et de la paix.

Pax multa diligentibus legem tuam, Domine. O Dieu bon, accordez les riches faveurs de la paix à ceux qui aiment votre loi !

NOTE

Un publiciste du plus haut mérite analysant un livre récent de M. de Faviers, sur l'origine de la souveraineté où le système de J.-J. Rousseau sur la question est victorieusement combattu, parle ainsi de la réaction catholique contre la théorie du *Contrat social* : « Dans l'ordre intellectuel, c'est M. de Maistre qui en a été l'organe le plus brillant. Mais M. de Maistre n'est-il pas, lui aussi, tombé dans l'exagération en combattant la thèse insensée de Rousseau? Sans doute il ne faudrait pas prendre au pied de la lettre, toutes les éloquentes boutades de Joseph de Maistre... Car il se sert souvent de forme paradoxale... et il est difficile de le nier, ses théories sur la *Souveraineté* et son origine, sont excessives ; puis elles manquent à la fois de clarté et de mesure. »

Le même écrivain lui oppose ensuite la théologie catholique représentée par saint Thomas, Bellarmin et Suarez, puis il termine son article par ces lignes :

« Cette dernière doctrine où la vérité se traduit dans un langage si calme, si mesuré est, ce nous semble, de nature à produire sur les esprits de notre temps une impression bien autrement profonde que toutes les exagérations littéraires ou autres de M. de Maistre et de son école. »

Donc, malgré l'ampleur et le brillant de son génie, M. de Maistre n'est pas un oracle...

Donc les mots qu'il jette sur les questions pour les trancher à sa manière, ne sont pas toujours *formidables*.

APPENDICE

CHAPITRE PREMIER

L'ÉGLISE CATHOLIQUE FONDE LA PAIX (1)

Durant la période si mouvementée de l'antiquité, c'était la force brutale qui dominait ; nous en trouvons la preuve dans tous les écrivains anciens. C'est une loi perpétuelle, reçue par tous les hommes, disait Xénophon, que, lorsqu'une ville a été prise, les biens des vaincus appartiennent au vainqueur. (*De int. cui*, liv. VII, § 26.)

Platon admet de même les principes de la propriété par la guerre. (*De legibus*, t. II, liv. v.) Il faut juger d'une guerre par le succès, et non point par le motif pour lequel elle a été entreprise (*Here fur*, v. 407), car le vaincu, dit Lucain, a tort (*Pharsale*, liv. VII, v. 259) ; parce que, ajoute Tacite, parmi les grands, la raison du plus fort est toujours la meilleure (*Toute Eix, pul*, ch. III). Salluste et Denys d'Halicarnasse émettent les mêmes opinions (Denys d'Halope, liv. VI, ch. XXXVI).

---

(1) Extrait d'une brochure anonyme.

Le *væ victis* était l'expression de ces temps, les populations conquises devenaient esclaves. Les motifs de cupidité et d'ambition produisaient les guerres, qui étaient des occasions pour spolier, et les prétextes de querelles ne manquaient pas ; chez les peuples privés des ressources du commerce, la guerre semblait la raison pour acquérir et satisfaire leurs besoins. Ce fut le christianisme, comme le créateur de la civilisation, qui enseigna et apporta à la société des principes de paix, de charité et de morale.

Bien avant la venue du Sauveur, le prophète Isaïe, prédisant son arrivée sur la terre, s'écriait : « Un petit enfant nous est né, et un fils nous a été donné... Il sera appelé le Prince de la Paix. Son empire s'étendra de plus en plus et la paix n'aura pas de fin... Qu'ils sont beaux sur les hauteurs les pieds de celui qui vient prêcher et annoncer la paix ! (liv. II)... Alors, un peuple ne tirera plus l'épée contre un autre peuple, et ils ne s'exerceront pas à combattre l'un contre l'autre. » (Ch. II, v. 4.)

Lors de la venue du Sauveur, comme une marque distincte des principes bienfaisants qu'il venait proclamer, la paix régnait, par une circonstance extraordinairement rare, sur toute la terre. Nulle part de guerre, nulle part de révolte. Le temple de la paix, à Rome, fermé en temps de guerre, était ouvert, on peut dire, par miracle. Les faits de guerre, seuls évènements de l'antiquité, se taisaient; la terre était en paix. Heure rare et solennelle pour la venue du Christ. Le jour où Jésus-Christ descendit sur la terre, les anges firent entendre l'hymne : « Gloire à Dieu dans le ciel, et paix sur la terre aux hommes de bonne volonté. » Ce furent ces beaux sentiments de paix et de concorde que le Sauveur prêcha durant sa vie — divine leçon pour tous les peuples.

Quand on lui demande de faire tomber le feu sur une bourgade, il répond : « Vous ne savez pas quel esprit vous anime ; » et quand Jésus-Christ annonce à ses disciples qu'ils iront conquérir le monde, il ajoute qu'ils ne doivent porter ni glaives ni armes, mais se contenter d'un simple bâton de voyageur. Le Sauveur se prononce d'une façon fort claire dans ce passage de l'Evangile : « Vous avez appris qu'il a été dit : « Vous aimerez votre prochain et vous fuirez votre ennemi ; » et moi, je vous dis : « Aimez vos ennemis, faites du bien à ceux qui vous haïssent et priez pour ceux qui vous persécutent. » (Saint Matthieu, ch. vi, v. 43.) Il proclame bienheureux les pacifiques, et prescrit le pardon des injures par ces paroles : « Vous savez qu'il vous a été dit autrefois : « Œil pour œil, dent pour dent ; » pour moi, je vous dis : « Rendez le bien pour le mal ; si on vous frappe sur la joue droite, présentez la gauche. » Rien de plus beau que cette doctrine de rejeter la vengeance et de ne pas rendre le mal. Quand Pierre tire le glaive, Jésus-Christ lui dit : « Remets le glaive à sa place, car celui qui tire le glaive, périra par le glaive. » A l'entrée triomphale du Sauveur à Jérusalem, ce sont des rameaux, symbole de la paix, qui sont jetés sur sa route. Enfin, quittant la terre, Jésus-Christ se sépare de nous en disant : « Je vous donne la paix. » Cette maxime admirable et bienfaisante a été, depuis, répétée par les apôtres, les Saints et les Papes, qui la mirent en pratique. « Si quelqu'un vous intente un procès pour avoir votre tunique, disait saint Matthieu, abandonnez encore votre manteau. » (Saint Matthieu, ap. v, v. 49.)

Dès l'année 443, le concile d'Arles punit de l'excommunication les inimitiés publiques; le concile d'Angers, en 453, défend les violences; le concile d'Agde, en Languedoc, en 506, ordonne la réconciliation, sous la menace des peines canoniques; les conciles de Lérida (546) et de Worms (868) portèrent les mêmes décrets. Le concile de Châlons, au septième siècle, punit quiconque tire l'épée dans une église; celui d'Orléans, en 538, défend d'assister en armes aux offices. L'Eglise prescrit aussi l'obligation d'empêcher le pillage et l'incendie, d'épargner les innocents, de ne faire aucun mal aux clercs, vieillards, femmes et enfants. (*Ægid. rig. de actibus super, di* p. 31, *dub.* 7, mon, 127.) Des baguettes bénites servaient de sauf-conduit aux ambassadeurs. Pour faire cesser les guerres continuelles, l'Eglise institua la trêve de Dieu, qu'il était défendu de violer sous peine d'excommunication. Les conciles provinciaux adoptèrent généralement la trêve de trois jours par semaine, puis durant le Carême, l'Avent, depuis le dimanche qui précède l'Ascension jusqu'à l'octave de la Pentecôte, aux fêtes de l'Assomption, Saint-Pierre, Saint-Laurent, Saint-Michel, de la Toussaint, de Saint-Martin, et tous les jours de jeûne, sous peine d'excommunication. C'était un moyen merveilleux pour faire cesser la guerre. Le concile de Jubuha, en 1041, et celui de Saint-Gilles, en 1045, établirent la trêve de Dieu du mercredi soir au lundi matin. Le concile de Narbonne, en 1045, déclare jours de trêve, les fêtes de l'Eglise, le temps de l'Avent, de Pâques, etc. Les conciles de Geronne (1068), de Lillebonne (1080), de Iroja (1093), de Clémont (1095) statuèrent dans le même sens ; ce dernier concile défendit la violence contre quiconque se serait réfugié près d'une croix. Le concile de Rouen, en 1096, prolonge les bienfaits de la trêve. Le concile de Iroga, en 1115, établit une trêve pour trois ans. Les conciles de Reims (1119), de Latran (1123), de Clermont (1130), présidé par le pape Innocent II, et celui d'Avignon (1209) codifient, pour ainsi dire, les lois établies pour assurer la paix et la trêve. En 1215, le concile de Montpellier agit de même. Alexandre III interdit les tournois pendant la trêve de Dieu. On peut dire avec certitude que, durant le moyen-âge, ce furent les chefs de l'Église, les Papes qui furent les prédicateurs de la paix, les arbitres des querelles, et qui personnifiaient en eux le tribunal amphictyonique qu'on désire de nos jours.

« Le Pape, écrit le chevalier Cibrario, comme le père commun de tous les peuples, était celui qui mettait le plus d'empressement à rétablir la paix parmi les nations armées : office véritablement digne de son apostolat. Dans ce but il envoyait ses légats jusqu'aux pays les plus éloignés ; il n'épargnait ni dépenses ni courage. Le cardinal-légat arrivait, et aussitôt, par un acte public, lu sur les places et dans les rues des villes, il annonçait le but de sa mission, et commençait par intimer une trêve. Pendant qu'elle durait, il cherchait à accorder les parties, et bien que souvent il rencontrât dans les princes, et plus souvent encore dans les communes, beaucoup de dureté et d'obstination, qu'il fût même obligé parfois de se retirer en lançant un interdit, il n'en arrivait pas moins souvent que le rameau de la paix, porté par ses mains, trouvât moyen de prendre racine.

L'intérêt du genre humain, dit Voltaire, demande un frein qui retienne les souverains et qui mette à couvert la vie des peuples ; ce frein de la Religion aurait pu être, par une convention universelle, dans la main des Papes. Les premiers Pontifes, ne se mêlant aux querelles temporelles que pour les apaiser, en avertissant les rois et les peuples de leurs devoirs, en les reprenant de leurs crimes, réservant les excommunications pour les grands attentats, avaient toujours été regardés comme des images de Dieu sur la terre. Mais, de nos jours, les hommes sont réduits à n'avoir pour leur défense que les lois et les mœurs de leur pays : lois souvent méprisées, mœurs souvent corrompues.

Au sixième siècle, Grégoire le Grand négocie la paix entre l'empereur Maurice et les Lombards. Étienne III, en 754, fait signer la paix entre ce peuple et le roi Pépin ; puis c'est le pape Nicolas qui réconcilie Charles et Louis, rois de France. Le roi Othon et son fils étaient sur le point de se combattre, quand deux évêques parvinrent à empêcher cette lutte impie. — Innocent III pria le roi de France de faire la paix avec le roi d'Angleterre.

Louis le Débonnaire, détrôné, fut replacé par les efforts de l'Église. La diète de Forcheine, ayant déposé, en 1077, l'empereur Henri IV, et nommé Rodolphe à sa place, le Pape assembla un concile pour juger les droits des deux rivaux, et ceux-ci ayant prétention de s'en tenir à la décision, l'élection de Rodolphe fut confirmée. Le pape Clément VIII réussit à faire la paix entre Henri II et le duc Savoie.

Alexandre VI traça la ligne du midi au septentrion pour arrêter les luttes des navigateurs, qui accouraient vers les terres inconnues. En traçant cette ligne et par sa bulle *Inter extra*, Alexandre VI prévint les luttes sanglantes, qui ne pouvaient manquer de survenir entre Espagnols et Portugais.

En prévision de ces luttes que l'intervention anglaise aurait rendues plus désastreuses encore, la bulle défendait la prise de possession des terres déjà découvertes par une autre puissance, et la conquête de celles où se trouvait un gouvernement régulier idolâtre; elle permettait seulement de prendre possession des contrées inhabitées qui devaient appartenir au premier occupant et de celles où il n'y avait aucun état social, sous l'obligation toutefois d'évangéliser les indigènes.

Nous pourrions multiplier ces nobles exemples, mais nous avons hâte d'arriver aux temps modernes.

Le pape Pie IX prononça cette belle parole : « Il faut que la guerre disparaisse. »

Lors de la guerre franco-allemande de 1870, Sa Sainteté Pie IX adressa à l'empereur des Français et au roi de Prusse, la lettre suivante :

« Majesté,

« Dans les graves circonstances où nous nous trouvons, il vous paraîtra peut-être insolite de recevoir une lettre de moi. Mais, vicaire sur la terre du Dieu de paix, je ne puis faire moins que de vous offrir ma médiation. Mon désir est de voir disparaître les préparatifs de guerre et d'empêcher les maux qui en sont la conséquence inévitable. Ma médiation est celle d'un souverain qui, en sa qualité de roi, ne peut inspirer aucune jalousie, en raison de l'exiguité de son territoire, mais qui, pourtant, inspirera confiance par l'influence morale et religieuse qu'il personnifie.

« Que Dieu exauce mes vœux et qu'il exauce aussi ceux que je forme pour Votre Majesté, à laquelle je désire être uni par les liens de la même charité.

« PIUS P. P. IX. »

Du Vatican, le 22 juillet 1870.

Les Papes furent donc de tout temps, et autant qu'il était en eux : les pacificateurs de l'Europe. C'est à eux que revient la gloire d'avoir maintes fois arrêté les glaives déjà sortis du fourreau ; ils furent pendant des siècles, les arbitres des différends qui armaient les princes les uns contre les autres, des luttes entre les rois et les peuples.

Puisque le temps n'est plus où le Saint-Siège pouvait rendre à l'Europe et au monde l'immense service d'empêcher l'effusion du sang, il convient aujourd'hui de rechercher comment il serait possible d'établir sur des bases solides, un tribunal de justice chargé d'assurer aux peuples le bienfait de la paix.

CHAPITRE DEUXIÈME

ARBITRAGES CONCLUS DEPUIS 1783

1783. — Question de la rivière Sainte-Croix entre les États-Unis et l'Angleterre. La question est soumise à trois arbitres. Chaque nation en choisit un, et ces deux premiers désignent le troisième. Leur décision est adoptée.

1794. — Nouvel arbitrage entre les mêmes.

1803. — Cession par la France de la Louisiane aux États-Unis à la suite des pourparlers et des travaux d'une commission.

1818. — Un différend entre l'Espagne et les États-Unis est soumis à un arbitrage dont la sentence est ratifiée par les deux puissances.

1819. — La cession faite par l'Espagne de la Floride aux États-Unis est également amenée par arbitrage.

1831. — Conflit entre les États-Unis et le Chili à propos de lingots d'or qui avaient été capturés sur un vaisseau américain par un amiral chilien. Le roi Léopold Ier est choisi pour arbitre et sa décision exécutée.

1832. — Des esclaves avaient été pris sur des vaisseaux anglais se trouvant en temps de paix dans la juridiction des États-Unis. Ceux-ci exigent une indemnité. La question est soumise à l'empereur de Russie qui accepte l'arbitrage et qui charge le comte de Nesselrode de s'entendre avec les plénipotentiaires des deux nations. Un arrangement est conclu à Washington et satisfait à toutes les réclamations.

1832. — Le roi Léopold Ier est choisi pour arbitre dans un conflit entre l'Angleterre et les États-Unis, à propos des limites de l'État du Maine. Sa décision, qui d'abord est rejetée, finit par être acceptée plusieurs années après et l'affaire est définitivement réglée.

1834. — Un important triomphe est dû à l'arbitrage. Par le traité de Vienne après la bataille de Waterloo, la Belgique et la Hollande formèrent un seul État, le royaume des Pays-Bas. Mais des conflits s'élevèrent entre eux, et le roi des Pays-Bas, peu confiant dans la force des armes, en appela au gouvernement de la Grande-Bretagne, de la France, de la Russie, et de l'Autriche, dont la décision, en une conférence qui eut lieu à Londres assura la paix de l'Europe en rendant aux Belges et aux Hollandais leur indépendance respective.

1835. — La flotte française avait capturé sur la côte de Portendic des vaisseaux anglais; les propriétaires de ces vaisseaux ayant élevé des réclamations, le différend fut soumis au roi de Prusse, Frédéric-Guillaume IV, qui arrangea l'affaire équitablement.

1838. — Conflit entre l'Angleterre et l'Amérique toujours à propos de l'État du Maine. C'est à ce moment que l'on s'entend définitivement et que lord Ashburton, pour les Anglais, et M. Webster, pour l'Amérique, se soumettent aux décisions de la commission.

1839. — Difficultés entre les États-Unis et le Mexique. Une commission de quatre membres est nommée, et en 1853, par décision des rois de Hollande et de Prusse, un traité est conclu.

1850. — Accord par arbitrage entre le Portugal et les États-Unis.

1853. — Affaire des obligations de la Floride, Mac-Leod, etc. Aucun cas d'arbitrage n'a eu autant de succès. Des dommages-intérêts ont été accordés dans plus de trente cas.

1855. — Différend entre l'Agleterre et les États-Unis à propos d'un traité pour la construction du canal Darien. Lord Clarendon proposa de soumettre la difficulté à l'arbitrage. Le ministre des États-Unis à Londres, M. Dallas, finit par arranger l'affaire.

1855. — La question des bouches du Danube est réglée par un arbitrage des puissances européennes. Cet arbitrage a constitué une sorte de gouvernement qui siège encore aujourd'hui à Ismaïla.

1856. — Conférence de Paris, le 23e protocole du traité de paix signé par l'Angleterre, la France, la Russie, l'Italie, l'Allemagne et la Turquie stipule que l'on aura recours à la médiation d'un Etat ami en cas de dissentiment entre l'une des puissances signataires et la Sublime-Porte. Plus de quarante puissances ont adhéré à cette clause.

1857. — Des coups de fusil avaient été déjà échangés entre la Suisse et la Prusse à cause de l'affaire de Neufchâtel lorsque la décision arbitrale du gouvernement français rétablit la paix.

1858. — Le roi des Belges arrange à l'amiable une affaire entre le Chili et les États-Unis.

1859. — Une commission nommée par le Paraguay et les États-Unis rétablit la paix entre ces deux Gouvernements.

1860. — Une commission apaise les dissentiments qui s'élevaient entre la Nouvelle-Grenade et les États-Unis, et entre ceux-ci et Costa-Rica.

1863. — Le roi des Belges arrange un différend survenu entre les États-Unis et le Pérou. Il arrange également une affaire survenue entre l'Angleterre et le Brésil, à propos d'une querelle où étaient mêlés des officiers de la marine anglaise et de la marine brésilienne,

1864. — Affaire du détroit du Puget entre l'Amérique et l'Angleterre. Une commission arbitrale la régla pacifiquement en 1869.

1864. — Difficultés entre les États-Unis et la république de l'Équateur, et aussi entre les premiers et la Colombie. L'arbitrage les termine pacifiquement.

1867. — Menace de conflit entre la Prusse et la France. Celle-ci demandait le grand-duché de Luxembourg comme compensation des conquêtes faites par la Prusse en Danemark et en Autriche. Lord Stanley proposa qu'une commission qui s'assemblerait à Londres, traitât la quesiton. La conférence décida que la forteresse de Luxembourg serait démantelée et la neutralité du duché garantie par tous les signataires du traité.

1867. — Accord par arbitrage entre la Turquie et la Grèce.

1871. — Affaire de l'*Alabama* entre l'Angleterre et les États-Unis. Elle fut soumise à un arbitrage composé de cinq membres appartenant à cinq Gouvernements : États-Unis, Angleterre, Suisse et Brésil.

Le tribunal s'assembla à Genève et conclut en faveur des États-Unis auxquels l'Angleterre dut payer une somme de 62,800,000 livres sterling.

Par un semblable traité fait à Washington il fut convenu que les autres différends seraient soumis à un arbitrage de trois membres. Enfin la question de la pêche du Canada dut être arrangée par une commission également de trois membres nommée par l'Angleterre, les États-Unis et l'empereur d'Autriche.

La dernière question, à propos des limites du San Juan, fut résolue par l'empereur d'Allemagne.

1874. — Menace de conflit entre l'Italie et la Suisse pour une question de frontières. L'ambassadeur des États-Unis à Rome jugea la question en faveur de l'Italie et sa décision fut acceptée par la Suisse.

1875. — Différend entre la Grande-Bretagne et le Portugal, à propos d'une possession sur la côte d'Afrique. Il est soumis au maréchal de Mac-Mahon dont la décision en faveur du Portugal est acceptée par la puissance adverse.

1876. — Une querelle qui menaçait de devenir dangereuse, entre la Chine et le Japon, à cause des excès commis par des Chinois contre des Japonais dans l'île de Formose, fut heureusement apaisée par la médiation de Sir Thomas, représentant de l'Angleterre à Pékin.

1877. — Une question de limites, entre le Schah de Perse et l'Émir de Caboul, est résolue à l'amiable par deux généraux anglais.

1879. — L'ambassadeur d'Italie à Washington fait acte d'heureux arbitrage dans une question d'indemnité réclamée par des citoyens américains résidant à Cuba, pour des vexations qui leur avaient été infligées lors de la dernière guerre civile de cette île.

1879. — L'empereur d'Autriche résout une difficulté entre la Grande-Bretagne et le Nicaragua.

1880. — Certaines réclamations entre Français et Américains, qui prétendaient avoir été lésés lors de la prise de Mexico en 1864, semblaient s'envenimer, lorsqu'une commission de trois membres nommés par l'Amérique, la France et le Brésil vint tout apaiser.

Les délais n'ayant pas suffi, les pouvoirs des commissaires furent deux fois prolongés par les Gouvernements.

1881. — Le Gouvernement du Nicaragua avait fait saisir un vaisseau français qu'il accusait de contrebande de guerre en faveur de la révolution qui avait éclaté dans cet Etat. Le consul français demandait une réparation.

Le Gouvernement du Nicaragua proposa un arbitrage que la France, à son honneur, accepta. L'affaire fut portée devant la Cour de cassation de Paris qui donna gain de cause à la France. Le Nicaragua se soumit et paya l'indemnité.

1881. — Une difficulté survient entre le Chili et

la Colombie à propos de munitions de guerre apportées au Pérou. L'affaire est soumise à l'arbitrage du Président des États-Unis, qui donne tort à la Colombie et sa décision est respectée.

DÉLIBÉRATIONS ET RÉSOLUTIONS
GOUVERNEMENTALES ET PARLEMENTAIRES RELATIVES A L'ARBITRAGE

1779. — M. Adam, au nom de l'État de Massachusetts, écrit au Congrès, tenu à cette époque à Washington, et exprime le vœu formé par la population pour que des assemblées arbitrales règlent pacifiquement les différends qui peuvent survenir entre les diverses nations.

1835. — Une pétition est présentée au corps législatif de l'État de Massachusetts exprimant le désir qu'il soit établi un congrès de nations pour régler à l'amiable leurs querelles. La pétition est accueillie.

1838. — M. Legaré, membre de la Chambre des représentants aux États-Unis, s'exprime ainsi au Comité des Affaires étrangères : « La Chambre émet le vœu qu'une puissance neutre constituant un Tribunal arbitral juge toute querelle ou différend survenu entre deux nations ».

1849. — M. Cobden prie la Reine de vouloir bien appuyer auprès de son secrétaire des Affaires étrangères une adresse du Parlement britannique, qui aurait voulu voir prendre par l'Angleterre l'initiative d'une demande aux Gouvernements touchant le règlement des querelles par l'arbitrage.

La même année, un semblable vœu est exprimé dans le Parlement français. La proposition est approuvée en principe ; mais le Ministre des Affaires étrangères ne croit pas que le moment soit opportun encore pour y donner suite.

1851. — M. Foote, président du Sénat des États-Unis, exprime le vœu que dans les relations des États Américains avec les autres puissances, il soit entendu qu'une Assemblée d'arbitres jugera à l'amiable les différends plutôt que d'avoir recours à la guerre.

1853. — M. Underwood, président de la même Chambre, soutient dans un long et éloquent discours une semblable thèse.

1868. — Dans un traité entre sir John Bowring, plénipotentiaire du roi de Siam, et le baron Hochschild, plénipotentiaire pour le roi de Suède et de Norwège, il est dit qu'en cas de grave dissentiment entre les deux souverains ou leurs sujets, on ne ferait point appel aux armes, mais à l'amical arbitrage d'un pouvoir neutre.

1868. — La même clause fut mentionnée dans plusieurs traités négociés par sir John Bowring, savoir : entre la Belgique et le Hanovre, entre l'Italie et la Suisse, entre la Belgique et le royaume de Siam, entre l'Espagne et l'Uruguay, entre l'Espagne et Hawaï.

1873. — M. Henry Richard, dont on connaît l'infatigable zèle pour la cause de la paix, obtient de la Chambre des Communes une adresse à la Reine pour qu'il lui plaise d'engager son Ministre des Affaires étrangères à entrer en négociations avec toutes les puissances, afin qu'il soit établi un arbitrage international permanent.

Le 24 novembre de la même année, le parlement italien vota à l'unanimité la proposition Mancini sur le même sujet.

1874. — La Chambre des représentants siégeant à Washington, sur la motion de M. Woodfort, a émis une proposition tendant aux mêmes résultats.

La même année, une semblable motion est adoptée dans le parlement des Pays-Bas sur l'initiative de MM. Van Eck et Bredius.

Cette année encore, sur la proposition de M. Jonas Jonasson, la Diète de Stockholm adopte cette proposition : qu'une adresse sera présentée au Roi pour prier humblement Sa Majesté d'intervenir en faveur de l'établissement d'un arbitrage ayant pour but de régler à l'amiable les querelles des nations entre elles.

1875. — La Chambre des députés de Bruxelles, sur la motion de MM. Couvreur et Thonissen, adopte par quatre-vingt-une voix contre deux la proposition de l'arbitrage substitué à l'emploi de la force. Quelques jours après, le Sénat ou chambre haute de Belgique, après avoir entendu le comte d'Aspremont-Lynden, Ministre des Affaires étrangères, ratifie à l'unanimité la résolution prise par la Chambre des députés.

En mars de cette année, les Chambres Canadiennes donnent aussi leur assentiment à la pratique de l'arbitrage.

1878. — Sur la proposition de M. Mancini, Ministre de la justice, les Chambres italiennes décident qu'une clause en faveur de l'arbitrage sera insérée dans tous les traités et toutes les négociations commerciales qui auront lieu entre l'Italie et les autres nations. En exécution de ce vote, ladite clause a déjà été introduite par M. Mancini et le Gouvernement italien dans vingt-quatre traités.

1878. — M. Sigaud, avocat à Nîmes, présente à la Chambre des députés une pétition en faveur de la création d'un arbitrage international. La pétition est envoyée au Ministre des Affaires étrangères, qui est chargé de déterminer le moment opportun où cette idée pourra être lancée avec chance d'être adoptée et réalisée par les puissances.

Le 20 décembre 1882, le congrès des États-Unis a pris la résolution suivante dont voici l'exacte teneur :

« Il est résolu par le Sénat et la Chambre des représentants composant le Congrès (les deux tiers de chacune des Chambres prenant part au vote) que le Président des États-Unis est, par la présente, autorisé et invité à négocier avec toutes les puissances civilisées qui consentiront à entrer en négociations, pour l'établissement d'un système international, par lequel les questions surgissant entre les Gouvernements ayant accepté ledit système, pourront être résolues par l'arbitrage, et, si possible, sans recours à la guerre. »

(Tiré du dernier *Bulletin de la Société française des Amis de la paix.*)

TABLE

	PAGES.
Pourquoi cette brochure?...	5

PREMIÈRE PARTIE

Maximes : le droit prime la force; la force prime le droit........	10
Citation du passage des *Portraits* où M. l'abbé Artige se prononce contre les Pacifiques et en faveur des Guerriers..................	14
Réfutation de la théorie de de Maistre........................	18
Guerre de Mahomet..	42
Napoléon III. — Guerre d'Italie..............................	48
Résumé de la première partie......................................	56

VARIANTE

Dieu présidant à la Genèse de l'homme........................	58

DEUXIÈME PARTIE

Le glaive de la Justice et le respect des droits de l'humanité triompheront-ils de la sauvage et orgueilleuse arrogance du sabre?....	67
Les gloires militaires...	75
Note..	107

APPENDICE

L'Eglise catholique fonde la paix...............................	112
Arbitrages conclus depuis 1783.................................	121

TULLE, IMPRIMERIE DE J. MAZEYRIE.